LICHT AM HORIZONT

Die ersten Schüler von
Omraam Mikhaël Aïvanhov erzählen

Aus dem Französischen übersetzt.
Originaltitel:
»ENFIN, NOUS APERCEVONS UNE LUMIÈRE – LES PREMIERS DISCIPLES
D'OMRAAM MIKHAEL AIVANHOV RACONTENT...«

LICHT AM HORIZONT

Die ersten Schüler von
Omraam Mikhaël Aïvanhov erzählen

INHALT

Vorwort

Meister Omraam Mikhaël Aïvanhov (1900-1986) wurde im südlichen Teil der heutigen Republik Nord-Mazedonien geboren. Dieses Gebiet gehörte in seiner Jugend zu Bulgarien. Mit 17 Jahren begegnete er dem spirituellen Meister Peter Danov*, der 1914 in Bulgarien die Weiße Bruderschaft gegründet hatte, und er wurde sein Schüler. Nach dem Studium an verschiedenen Fakultäten an der Universität in Sophia wurde er Lehrer und schließlich Schuldirektor.

Im Jahre 1937 bat Meister Peter Danov seinen Schüler »Bruder Mikhaël«, von Bulgarien nach Frankreich überzusiedeln. Aufgrund seiner Hellsichtigkeit hatte Peter Danov das Kommen des zweiten Weltkrieges vorhergesehen und wusste, dass der Kommunismus die Länder des Ostens beherrschen und jegliche Form von Religion und Spiritualität unterdrücken würde.

Indem er ihn nach Frankreich schickte, beauftragte der Meister seinen Schüler, seine Lehre in Sicherheit zu bringen. Bruder Mikhaël begann mit dieser Arbeit fast unmittelbar nach seiner Ankunft in Paris, wo er schon bald öffentliche Vorträge hielt. Er führte diese Arbeit im Wesentlichen innerhalb der von ihm gegründeten französischen Vereinigung »Fraternité Blanche Universelle« weiter, welche er nach einem einjährigen Aufenthalt in Indien (1959 - 1960)

---

* Der Prosveta Verlag schrieb in den deutschsprachigen Büchern den Nachnamen »Danov« bisher anders, nämlich »Deunov«. Der Verlag wird nun nach und nach die Schreibweise »Danov« für den Namen von Meister Peter Danov einführen. Diese Schreibweise führt (gemäß mehrerer Hinweise aus Bulgarien) zu einer richtigeren Aussprache. Die bisher in den deutschen Büchern von Omraam Mikhaël Aïvanhov verwendete Schreibweise »Deunov« war beim Übersetzen aus dem Französischen übernommen worden, ergibt aber, wenn man sie deutsch liest und ausspricht, für die Bulgaren einen völlig anderen Namen. Das »a« dieser neuen Schreibweise wird für eine möglichst richtige Aussprache des Namens überhaupt nicht betont, sondern nur kurz, ja fast unhörbar gesprochen und klingt dann ähnlich wie »D'-nov«.

gegründet hatte. Nach einem einjährigen Aufenthalt in Indien (1959-1960), wurde er unter dem Namen Omraam Mikhaël Aïvanhov zunehmend bekannter. Seine zahlreichen, völlig frei gehaltenen Vorträge (es gibt davon etwa 5000) wurden zunächst stenographisch erfasst, dann auf Tonband und schließlich auf Video aufgenommen und in Form von Büchern und Broschüren herausgegeben. Viele seiner Werke stehen den Lesern in über dreißig Sprachen zur Verfügung.

Neben der Lehre der Universellen Weißen Bruderschaft, die in Form von Büchern und elektronischen Medien in umfassender Form erhältlich ist, sollen dem Leser im vorliegenden Buch auch einige persönlichere Aspekte aus dem Leben von Meister Omraam Mikhaël Aïvanhov zugänglich gemacht werden. Die authentischen Berichte von Zeitzeugen erzählen von den allerersten Anfängen, von den ersten Jahren, die er in Frankreich zubrachte. Sie sind von Männern und Frauen verfasst, die von Anfang an dabei waren und zu seinen treuesten Schülern zählten.

Es gibt sechs Berichte, die durch ihre Verschiedenartigkeit bestechen. Sie sind so verschieden, wie es ihre Verfasser waren, und sie gehören zu den vielen kleinen Geschichten, die sich innerhalb der großen Geschichte abspielten. Sie zeigen uns, wie der Schüler durch die Weisheit und die Liebe seines Meisters geführt wird, wie er zu sich selbst findet, und wie ihm all dies hilft, auf seinem geistigen Entwicklungsweg immer weiter und höher voranzuschreiten.
Die deutsche Ausgabe dieses Buches unterscheidet sich von der französischen Ausgabe in zwei Punkten:

1. Der Bericht von Stella Bellemin wurde erweitert, indem die Schilderung ihrer Begegnung mit Meister Peter Danov mit aufgenommen wird. Diese Begegnung ereignete sich schon vor der Ankunft O.M. Aïvanhovs in Frankreich. Stella Bellemin veröffentlichte diesen Bericht in ihrem Buch *»Vie et enseignement en France du Maître Omraam Mikhaël Aïvanhov«*, das – neben

ausführlichen Darstellungen über die Lehre – einige wenige persönliche Berichte enthält, die nun der deutschsprachigen Leserschaft zugänglich gemacht werden.

2. Der Bericht von Alexandre Delassus in Kapitel 5, der sich vor allem durch zahlreiche originelle und humorvolle Gedichte auszeichnet, wurde etwas gekürzt wiedergegeben, da einige dieser Gedichte durch die Übersetzung zu viel von ihrem Charme verloren hätten

Der Herausgeber

Stella Bellemin
(1891 - 1982)

Teil 1

Auszug aus ihrem Buch »Leben und Lehre des Meisters Omraam Mikhaël Aïvanhov in Frankreich«

Schon in sehr jungen Jahren war mir klar, dass ich früher bereits gelebt hatte. Und da ich mich an meine Ausrichtung aus einem vergangenen Leben erinnerte, wusste ich, dass ich fortfahren musste, mit Hilfe der Sonne eine geistige Verbindung zu Gott aufrechtzuerhalten.

Diese Erinnerungen und offensichtliche übersinnliche Begabungen erweckten in mir von frühester Kindheit an das Bestreben, ein inneres Gleichgewicht zu erlangen. Ich hatte das Gefühl, meine Jugendzeit nicht mit Beschäftigungen ohne Ziel und ohne Ideal verschwenden zu dürfen.

Im Alter von etwa zwanzig Jahren wurde ich dazu gebracht, mir die Frage zu stellen, woher das Denken im Menschen kommt. Die Suche nach einer Antwort ließ mich klar verstehen, dass es eine unsichtbare Welt gibt, in der sich mein geistiges Wesen durch Gedanken bewegen konnte. Die Weiterverfolgung meiner Frage führte mich – ohne es gesucht oder gewollt zu haben – im Jahre 1929 dazu, auf der unsichtbaren Ebene mit einem Wesen in Verbindung zu treten, welches ich nicht kannte. Dieses begann, mich durch symbolische Zeichnungen und Botschaften, die mit Hilfe des Denkens übermittelt wurden und die ich durch das Schreiben empfing, zu unterrichten.

Während all der folgenden Jahre konnte ich nie an der realen Präsenz eines sehr hohen Bewusstseins zweifeln, aber ich war weit davon entfernt, mir vorzustellen, dass dieses als Mensch an irgendeinem Ort auf der Welt existiert.

Zu Beginn des Jahres 1937 kündigte mir dieser Lehrer, der mich acht Jahre lang geführt hatte, an, dass er sich mir nun bekannt machen würde und dass mein Leben verwandelt werden würde. Er unterwies mich darin, wie ich mich noch mehr reinigen kann, damit diese Begegnung mit ihm möglich werde.

Schon seit fast einem Jahr war mir ständig die Botschaft gegeben worden: »Bereite dich darauf vor, dass jemand bei dir wohnen wird.« Damals lebte ich in einer Wohnung, die größer als nötig war und die ein separates Zimmer hatte, das ich nicht benutzte. Ich wurde ständig an die Möglichkeit erinnert, es jemandem zu überlassen. Dies überraschte mich umso mehr, weil meine Wesensart mich in keiner Weise dazu drängte, die Anwesenheit von irgendjemandem zuzulassen.

In diesem Jahr 1937 kursierten Gerüchte über einen nahenden Krieg, und sie erschütterten die Gemüter. Anders als gewohnt, bat uns die Behörde, in der ich arbeitete, schon im Winter das Datum für unseren Sommerurlaub festzulegen. Fünfzehn Jahre lang hatte ich meinen Urlaub immer im September genommen, aber ohne ersichtlichen Grund wählte ich in diesem Jahr den 19. Juli als ersten Urlaubstag. Ebenfalls anders als in den vorherigen Jahren musste ich dann mehrere Urlaubspläne, die ich im Frühjahr ins Auge gefasst hatte, in letzter Minute, und ohne es zu wollen, wieder aufgeben. So kam es, dass ich Anfang Juli noch nicht wusste, was ich tun und wohin ich im Urlaub fahren würde.

Aber schon bald sollten sich die Ereignisse überschlagen, so dass alle Unentschlossenheit vorbei war. Ich war auf wundersame Weise frei, einen Wendepunkt in meinem Leben zu erfahren. Alles, was ich acht Jahre lang im Unsichtbaren erlebt hatte, sollte sich plötzlich konkretisieren und in der Materie erscheinen.

Eine Reihe außergewöhnlicher »Zufälle« brachte mich wenige Tage vor dem 19. Juli 1937 dazu, das Buch »Der Meister spricht« von Peter Danov* zu lesen. Mit größtem Erstaunen stellte ich fest, dass die Lehre dieses Buches genau derjenigen entsprach, die mir innerlich zuteil geworden war. Jedoch kam mir noch nicht der Gedanke in den Sinn, dass die Ursache eine Kommunikation war, die ich mit Meister Peter Danov aufgebaut hatte. Indessen versetzte mich diese Lektüre in einen unbeschreiblichen, emotionalen Zustand und gab mir das Gefühl, dass sich erstaunliche Ereignisse vorbereiten. Am nächsten Tag gab es einen weiteren, seltsamen Zufall: Eine Bekannte rief mich an und erklärte, dass sie in einem Konzertsaal zufällig neben einem Mann saß, dem sie seit Jahren nicht mehr begegnet war. Dieser Mann habe ihr erzählt, dass er zurzeit einen Schüler von Meister Peter Danov bei sich beherberge. Sie habe ihn eingeladen, am Sonntag mit diesem Schüler zu ihr zu kommen. In der Annahme, dass mich dies interessiere, lud sie mich auch dazu ein. So kam es, dass ich einem italienischen Bruder aus der Bruderschaft des Meisters Peter Danov begegnen konnte.

---

* Peter Danov (1864-1944) war ein hochstehender geistiger Meister aus Bulgarien und der spirituelle Lehrer von Omraam Mikhaël Aïvanhov. Die Schreibweise des Namens von Peter Danov wird unterschiedlich gehandhabt, weil es keine einheitliche Übertragung aus der kyrillischen Schrift gibt. Man findet neben der Schreibweise »Peter Danov« auch »Petar Danow« und »Peter Dunoff«. In vielen Büchern des Prosveta Verlages steht darüber hinaus »Peter Deunov«, was der französischen Schreibweise entspricht, die aus den französischen Originalbüchern von O. M. Aïvanhov übernommen wurde. Vergleichen Sie dazu auch die Fußnote auf Seite 7. Peter Danov ist auch unter seinem spirituellen Namen Beinsa Duno (alternativ Douno) bekannt.

Während der Begegnung mit diesem Schüler, und nachdem ich eine innere Verbindung mit dem Meister Peter Danov aufgebaut hatte, erhielt ich die absolute Gewissheit, dass ich durch den Meister all die Anweisungen erhalten hatte, und dass er mich in diesem Moment zu sich rief. Der Beweis, den mir schon das Buch erbracht hatte, wurde nun durch diese innere Gewissheit nochmals bestätigt.

Meister Peter Danov

So beschloss ich noch in derselben Stunde, mit diesem italienischen Bruder nach Bulgarien aufzubrechen, um den Meister leibhaftig treffen zu können. Dies löste bei den Anwesenden, die nichts von meinen jahrelang erlebten Wahrnehmungen wussten, eine allgemeine Verwunderung aus. Sie versuchten alle, mich von diesem Plan abzubringen. Sie argumentierten, dass ich mit einem relativ ungebildeten Fremden verreisen würde (er war Maurer, also nur ein einfacher und etwas rauer Handwerker) und dass ich weder die italienische noch die jugoslawische noch die bulgarische Sprache kenne. Aber nichts konnte mich von dieser Entscheidung abbringen.

14

Es gibt Ereignisse, die, wenn wir versuchen, sie zu erzählen, all das verlieren, was ihre tiefe Bedeutung ausmacht. Und auch alle Bedeutung dessen, was die Ereignisse verursacht hat und ihnen erlaubte stattzufinden, geht verloren. Die langsame psychische und physische Entwicklung, die uns dazu gebracht hat, sie zu durchleben, kann nicht beschrieben werden. Jedes Wort, das versucht, über sie zu sprechen, zerstört oder löscht das, was für uns selbst so deutlich spürbar und offensichtlich war. Bei meiner Reise zu Meister Peter Danov war genau dies der Fall. Sie war die Antwort auf einen unwiderstehlichen inneren Ruf, der einen kompletten, übersinnlichen Lebensplan in sich trug, und den ich bisher lediglich als eine verborgene Wirklichkeit fühlen konnte. Nun aber, dank dieser Reise und der Begegnung mit Meister Danov auf 2500 Metern Höhe, an einem See, in dem sich der Himmel spiegelte, wurde dieser Ruf zu einer konkreten Wirklichkeit und zu einem entscheidenden Wendepunkt in meinem Seelenleben.

Ich war innerlich gerufen worden, und zwar mit dem Ziel, die später stattfindende Begegnung mit seinem Schüler, dem späteren Meister Omraam Mikhaël Aïvanhov vorzubereiten, an dessen Seite ich viele Jahre arbeiten sollte.

Mit dem empfangenen Ruf öffnete sich ein breiter Weg. Er sagte: »Bis jetzt hast du alle Wahrheiten, die ich dir vermittelt habe, gedacht und angenommen. Von nun an werden dir alle Bedingungen gegeben sein, um sie zu leben. Diese Wahrheiten dürfen keine gedanklichen Überzeugungen bleiben, sondern du bist aufgerufen, sie zu leben, also dein Leben so zu verändern, dass sie zu Handlungen werden. Du wirst dich vollständig hineingeben müssen, um sie in deinem ganzen Dasein zum Ausdruck zu bringen.«

Tatsächlich war dies die nächste Etappe der Ereignisse.

Morgenröte

Am Abend des 18. Juli 1937 verließ ich Paris, um mich in Mailand dem italienischen Bruder anzuschließen, der mich in die bulgarische Hauptstadt Sofia bringen sollte. Er wollte am 19. nach Bulgarien fahren, was er schon vor seiner Ankunft in Frankreich geplant hatte. So fiel das Datum meines Urlaubsanfangs auf wundersame Weise genau mit dem Tag zusammen, den dieser Bruder für seine Rückreise nach Bulgarien geplant hatte. Es war also kein »Zufall«, dass ich im Winter diesen Termin als Urlaubsbeginn festgelegt hatte.

Ein 48-stündiger Zwischenaufenthalt in Venedig sollte es mir ermöglichen, Bruder Mikhaël zum ersten Mal im Unsichtbaren zu treffen. Mikhaël hatte zwar alles Nötige unternommen, um Sofia schon vor dem 18. Juli zu verlassen; aber der Zug, den er nehmen wollte, war für eine Gruppenfahrt von einigen Personen vorgesehen, die zu einer Ausstellung in Paris fuhren; es wurde von der Behörde eine Frist festgelegt, und die Abreise (die sich so »zufällig« verzögerte) fand erst am 18. Juli statt, also an dem Tag, an dem ich Paris verließ.

Bruder Mikhaël wurde von seinem Meister mit der Mission gesandt, die Lehre der Universellen Weißen Bruderschaft bekannt zu machen, sofern die Umstände es zuließen.

Um seinen Gesandten vor der Eifersucht jener Brüder zu schützen, die meinten, sie selbst seien für diese Mission zu ernennen, hatte Meister Danov es geheim gehalten. Auch der Bruder, der mich nach Bulgarien brachte, wusste rein gar nichts davon.

Ein kurzer, zweieinhalbtägiger Zwischenstopp in Venedig, bei dem wir Bruder Mikhaël nicht begegneten, obwohl er dort war, war für mich von entscheidenden und tiefgreifenden Ereignissen geprägt. Ich kann nicht beschreiben, was ich erleben durfte, aber als wir unsere Reise nach Sofia wieder aufnahmen und Venedig verlassen hatten, sagte ich zu meinem Begleiter: »Ich fühle, dass ich mich in dieser Stadt mit dem Geist verheiratet habe.« Dieser Ausspruch bewog ihn, mich nach den Gründen zu fragen, die mich veranlasst hatten, ihm bei seiner Rückkehr nach Bulgarien zu folgen; denn auch er hatte meine plötzliche Entscheidung keineswegs verstanden.

So erzählte ich ihm, was sich seit Jahren bei mir zugetragen hatte und wie ich im Voraus über das kommende Treffen mit dem Meister informiert worden war. Er antwortete: »Jetzt beginne ich zu verstehen, warum mich Meister Danov vor vier Monaten gebeten hat, eine Reise in den Westen in Betracht zu ziehen, und warum er mich zwei Monate später bat, diesen Besuch nach Paris auszudehnen. Wahrscheinlich ging es darum, Sie zu bringen. Der Meister hatte sich geweigert zu sagen, warum ich nach Frankreich reisen sollte, er sagte lediglich: »Du wirst es sehen, wenn du dort bist.«
Er habe jedoch nichts anderes getan, als mich mitzunehmen. Während der Reise sagte er mir noch, dass der Meister die Brüder und Schwestern der Bulgarischen Bruderschaft seit einigen Jahren darüber unterrichtet habe, dass eine Französin vorbereitet werde und dass sie nach Sofia käme. Deshalb würden dort alle seit Langem auf die Ankunft von Franzosen warten, obwohl keiner zu kommen schien.

Als wir in Sofia ankamen, waren der Meister und fast vierhundert Schüler bereits in ihrem Berglager im Rila-Gebirge. Ich musste zwei Tage in der Bruderschaft in Sofia verbringen und darauf warten, dass etwa dreißig weitere Brüder und Schwestern zum Sommerlager aufbrachen. Ich nutzte die Gelegenheit, das Zentrum »Izgrev« kennenzulernen, auf dessen Gelände die Häuser der Schüler von Meister Danov und verschiedener Mitglieder seiner Bruderschaft gebaut worden waren. Aus dem Mund der Eifrigsten und Gebildetsten erfuhr ich viele außergewöhnliche Fakten über das Leben und die Eigenschaften von Meister Danov. Mehr denn je richtete sich meine gesamte innere Aufmerksamkeit auf den Meister und auf einige bemerkenswerte Wahrnehmungen, die ich vier Monate zuvor erlebt hatte, und die dazu geführt hatten, meine Neugierde noch mehr zu wecken.

Zu Ostern war ich nämlich in eine unbekannte Landschaft versetzt worden, in der eine Atmosphäre von wunderbarer Reinheit herrschte. Ich hatte eine Menge von Menschen an mir vorbeiziehen sehen, Männer und Frauen mit gebräunten und etwas groben Gesichtern, die sehr einfach bekleidet waren. Sie sangen ungewöhnliche, äußerst melodische Lieder. Während ich sie erstaunt betrachtete, sah ich einen Mann aus ihren Reihen hervortreten, und eine Stimme rief: »Der Heilige Petrus.« Dieser Ausruf bezeichnet diese Person keineswegs als den Heiligen Petrus, sondern bedeutete vielmehr, dass seine Mentalität und seine Verständnisebene mit der dieses heiligen Apostels verwandt waren (was sich später, nach dem Weggang von Meister Danov ins Jenseits, tatsächlich bestätigte).

Diese erste Vision verschwand, und nun trat aus der sich weiterbewegenden Menschenreihe ein anderer Mann heraus, während die Stimme rief: »Der Heilige Johannes« (wieder im gleichen Sinne zu verstehen wie vorher).
Was für ein Unterschied bestand zwischen diesen beiden Gesichtern! Das erste Gesicht war rau, von dunklerer Hautfarbe und mit hellen, friedlichen Augen. Das Gesicht des zweiten Mannes war viel jünger. Lange schwarze Haare umrahmten es, und es hatte sowohl einen männlichen als auch weiblichen Ausdruck. Seine wunderschönen, tiefblickenden, schwarzen Augen strahlten von innen heraus in einem sehr außergewöhnlichen Licht.

Der Ausdruck dieser beiden Gesichter hatte sich tief in mir eingeprägt. Doch unter dem Einfluss der zahlreichen, bewegenden und überwältigenden inneren Ereignisse hatte ich kaum mehr daran gedacht. Diese Erinnerung, die in einer Ecke meines Gedächtnisses abgelegt war, sollte nun bald wieder erwachen und plötzlich mit großer Intensität lebendig werden.

Der Morgen kam, an dem es Zeit war, ins Rila-Gebirge aufzubrechen. Die Reise begann mit einer langen Busfahrt bis zum Rand des Waldes. Es folgte ein langer, siebenstündiger Aufstieg auf den bewaldeten Hängen, bis wir uns am Abend dem Plateau näherten, auf dem das Lager errichtet worden war.

Nun blieb noch der letzte Steilhang oberhalb des Waldes zu erklimmen. Da erschallten von oben bereits die Lieder. Bald befand ich mich zwischen einer doppelten Reihe von Brüdern und Schwestern, die aus dem Lager heruntergekommen waren und sich den Hang entlang aufgestellt hatten. Alle sangen mit Tränen in den Augen und schüttelten meine Hände, als ich vorbeikam. Sie waren gerührt, voller Emotionen und strahlend vor Freude und Begeisterung. Für sie alle vertrat ich ein Frankreich, das den Ruf des Meisters Peter Danov gehört hatte. Angesichts dieser Bezeugungen der Liebe und der erfüllten Erwartungen war ich der materielle Beweis für die Verwirklichung der Vorhersage des Meisters. Das Wunder jener unaussprechlichen Antwort auf unseren jahrelang andauernden, unsichtbaren Kontakt hatte sein Ziel erreicht und wurde unwiderlegbar bestätigt.
So kam ich, erschöpft aber überwältigt, mit einem unbeschreiblichen Gefühl, das von diesen vierhundert Seelen geteilt wurde, auf dem Plateau an, auf dem die Bruderschaft ihr Lager aufgeschlagen hatte. Oben angekommen, begrüßte mich eine Schwester und führte mich direkt ins Zentrum des Lagers.

Dort stand der Meister, unsere Begegnung erwartend!

Sein Gesicht war voller Licht, von legendärer Reinheit, wunderbar in seiner Schönheit, seiner Ruhe, seiner heiteren Gelassenheit, seiner durchdringenden Intelligenz. Oh, erhabene, gegenwärtige Heiligkeit, die im unsichtbaren Raum errichtet worden war, die nun konkret geworden ist, dadurch, dass der Meister sie aufrechterhielt sowie durch seine Worte – durch jene Worte des unhörbaren, aber jetzt fühlbaren Dialogs zwischen seinen Gedanken und der jenseitigen Welt.

Die Schwester, die mich zu ihm geführt hatte, brach den Zauber dieses unvergesslichen Augenblicks, indem sie wieder meinen Arm ergriff. Sie führte mich in ein Zelt, dort wusch ich mich, dann winkte sie mich zum Bett. Ich fiel in einen tiefen Schlaf, während dem meine körperliche Müdigkeit vollständig verschwand.

Als ich die Augen wieder öffnete und das Zelt verließ, fand ich eine ganze Gruppe bulgarischer Brüder davor versammelt, die ausgezeichnet Französisch sprachen. Man hatte sie zusammengeführt, um mit mir zu essen und mir so ein Gefühl von Heimat zu geben.

Es folgten zehn gesegnete Tage bei dem göttlichen Lehrer, in einer kristallklaren und völlig gereinigten Atmosphäre. In meiner Vorstellung vergingen Jahre, ohne dass ich sie hätte zählen können. Reinkarnationen folgten, eine auf die andere.

Jetzt, zweiunddreißig Jahre später habe ich noch immer das Gefühl, dort zu sein, so sehr hat die Erinnerung an das, was ich dort erlebte, mein ganzes Wesen durchdrungen.

Am Tag nach meiner Ankunft wurde ich mit einem Bruder in Kontakt gebracht, der mir als Sekretär des Meisters vorgestellt wurde. Ich war erstaunt, ihn wiederzuerkennen: Er war derjenige, der aus der Reihe hervortrat, als die Stimme »Der Heilige Petrus« rief. Dieser Bruder, dem ich meine Vision erzählt hatte, berichtete diese dem Meister. Er kam zurück, um mir zu sagen, dass dieser ihn angewiesen habe, bei mir zu bleiben, um mir während meines Aufenthalts die Grundlagen der bulgarischen Sprache beizubringen und mich durch das Lager zu führen. Es war Bruder Boyan Boev.*

---

* Als dieser Bruder nach dem Heimgang von Meister Danov 1944 mit den Taten eifersüchtiger Brüder konfrontiert wurde, die die Entsendung von Bruder Mikhaël nach Frankreich ablehnten, hatte er nicht den Mut zuzugeben, dass er aus dem Munde des Meisters selbst wusste, dass dieser ihn mit der Mission betraut hatte. Er bestritt ebenfalls, das Gespräch gehört zu haben, welches ich mit dem Meister über die Arbeit in Frankreich geführt hatte, obwohl er bei diesem Gespräch als Übersetzer fungierte. Diese Lügen, die Bruder Boev später bereute, zogen schwerwiegende Konsequenzen nach sich. Er gab später zu, nicht die Wahrheit gesagt zu haben.

Am frühen Morgen stiegen wir auf eine Anhöhe, die »Gipfel des Gebets« genannt wurde. Dort nahmen alle am Sonnenaufgang teil, beteten, meditierten und sangen Melodien, die vom Meister komponiert worden waren.

Inmitten dieser geschwisterlichen Menschen, die mit Leidenschaft beteten und deren Emotionen ein Bestandteil der sie umgebenden Natur zu sein schienen, meditierte ich lange über die menschliche Unwissenheit und über den Mangel an Tiefe bei jenen, die behaupten, zivilisiert zu sein. Wie viele Tränen vergoss ich auf diesem Gipfel, wenn ich an die Ungläubigkeit der Menschen dachte und an unsere oberflächliche Geisteshaltung. Ich fühlte, dass ich den Menschen im Westen nach meiner Rückkehr die Herrlichkeit des höheren Lebens übermitteln sollte, das sich durch ein erhabenes Verhalten in der Materie ausdrückt.

Wie könnten wir nicht die Existenz dieses königlichen Seelenweges enthüllen wollen, den im Lauf der Jahrhunderte die größten irdischen Geister beschritten haben? Diesen Weg, der nun erneut vom Wort des Meisters geebnet und in unsere Herzen und unseren Verstand geprägt wurde, dank einer Psychologie, die bewundernswert tiefgründig, subtil und zeitgemäß ist? Wie sollten wir der Welt nicht die Möglichkeit geben, diese höhere Wissenschaft zu studieren, die durch das Siegel der höchsten Urteilskraft gekennzeichnet ist, die von jeglichem Aberglauben gereinigt ist und die von Meister Danov seit vierzig Jahren voller Weisheit an Tausende von Schülern weitergegeben wurde?

Eines Morgens übermittelte mir der Meister seinen Wunsch, dass ich zu ihm kommen und Fragen stellen sollte.

Ich war bereits bei einigen überraschenden Vorkommnissen dabei gewesen. Wenn der Meister unter uns war, hatte ich immer wieder Licht- und Gedankenwellen gesehen, die von ihm ausströmten und zwischen ihm und denen kreisten, mit denen er sprach. Bei einer anderen Gelegenheit waren wir alle an einem Lagerfeuer versammelt, während der Meister in unserem Kreis saß. Alle hatten gerade gesungen und lange meditiert, als ich plötzlich buchstäblich aus meinem Körper gehoben und völlig unerwartet nach oben getragen wurde. Dann bemerkte ich, dass der Meister sich wenige Augenblicke später für das gemeinsame Gebet erhob. Ich hatte seine innere Erhebung durchlebt, bevor er körperlich aufstand. Dieses »nach oben getragen werden« hatte sich so angefühlt, als wäre mein physischer Körper, einer unwiderstehlichen Strömung folgend, etwa vierzig Meter nach oben gestiegen.

An einem anderen Tag, als wir unter brennend heißer Sonne zu Mittag aßen, versetzte sich der Meister in einen Zustand der Meditation und wir sahen, wie sich eine außergewöhnliche Wolke bildete, die die Form einer großen flachen Scheibe hatte, die nun alle Gäste durch ihren Schatten schützte. Die Wolke löste sich auf, nachdem das Mittagessen beendet war.

Eines Morgens, als ich mit Bruder Boev auf einem Hang saß, der zum See führte und mit ihm Bulgarisch lernte, nahm ich plötzlich wahr, wie das Wasser des Sees ungewöhnlich, wie durch einen Schauer, erbebte. Aus diesem Beben formte sich sodann eine riesige Blume, eine perfekte Rose, die auf der Oberfläche des Sees lag. Mein Erstaunen über dieses ungewöhnliche Phänomen war so groß, dass ich aufsprang und rief: »Aber schauen Sie nur, was hier auf dem See passiert!« Mein Lehrer lächelte und antwortete ruhig: »Das geschieht, weil der Meister gerade zum Ufer hinuntergeht und mit dem Boot hinüberfahren wird.« Tatsächlich sah ich, wie sich der Meister und ein Bruder dem Ufer näherten und in das Boot stiegen.

So offenbarten die sogenannten »unbelebten« Dinge ständig und auf verschiedene Weise, dass sie die Gegenwart des Meisters spürten und noch besser als die Menschen wussten, wie sie auf diese erhabene Präsenz reagieren sollten.

Auch unsere eigenen Knochen und Muskeln reagieren durch bestimmte Regungen auf unsere Gedanken und Gefühle. Warum sollte dann nicht die ganze Welt, die doch ein einziges Ganzes ist, durch jedes ihrer Teile in solcher Weise auf alle Übermittler des göttlichen Geistes reagieren?

Die Schüler, die in dieser Atmosphäre lebten, die man nach gewöhnlichem Verständnis als wundersam bezeichnen würde, schienen von diesen Vorkommnissen gar nicht mehr überrascht zu sein. Ich hingegen, die ich zum ersten Mal die Offenkundigkeit der Einheit des Kosmos miterlebte, bewahre in mir noch heute das verzückte Erstaunen, das ich an diesem Tag empfand.

Der Besuch beim Meister brachte mir weitere Beweise, die für mich ebenso wertvoll waren wie die vorherigen. Gemäß seiner Bitte, hatte ich die Fragen aufgeschrieben, die ich ihm stellen wollte. Ich schrieb sie ohne den geringsten Hinweis auf frühere Ereignisse in meinem Leben. Der Meister antwortete und bewies mir durch seine Bemerkungen und Überlegungen, dass ihm nichts von den Ereignissen, die ich seit meiner Kindheit erlebt hatte, fremd war. Entsprechend dieser fernen Ereignisse gab er mir seine Empfehlungen und konkrete Warnungen bezüglich der Haltung, die ich gegenüber bestimmten Menschen einnehmen sollte.

Da ich ihm meinen Wunsch mitteilte, das, was ich im Rila-Gebirge gesehen hatte, nach meiner Rückkehr bekannt zu machen, gab er mir präzise Informationen, mit wem ich darüber sprechen konnte und mit wem ich diese Arbeit beginnen sollte. Er fügte hinzu, dass ich die notwendigen Bedingungen für diese Arbeit finden würde und dass ich die Personen, die vorherbestimmt seien, dies gemeinsam mit mir zu leben, ohne jeden Zweifel erkennen würde, wenn ich sie träfe. Er sagte: »Wenn Sie später für die Aufgabe, die ansteht, etwas brauchen, so müssen Sie nur innerlich mit vollem Glauben darum bitten, und Sie werden es empfangen. Alle notwendigen Anweisungen werden Ihnen innerlich gegeben werden.«

Während der Meister mit mir sprach, brachte eine Schwester eine Schale mit Obst und stellte sie auf den Tisch neben uns. Der Meister sagte: »Dass diese Trauben gebracht wurden, ist der Beweis, dass unsere gemeinsame Arbeit Früchte tragen wird.«

So lag der Weg offen vor mir. Für alle inneren Probleme, die mich zuvor beschäftigten, hatte ich lichtvolle Lösungen erhalten. Jetzt brauchte ich mich nur noch zu entscheiden, den Weg weiterzugehen, der mir gerade vorgezeichnet worden war.

Als ich das Lager verließ, um nach Frankreich zurückzureisen, war es, als würde ich an jenen Ort der Erde gehen, der am ehesten in der Lage war, diesen Schatz zu empfangen: diesen unschätzbaren Reichtum einer Kultur, deren Existenz ich gerade wahrgenommen habe, deren spirituelle Freude ich teilen durfte und deren jahrhundertelang dauernde Zukunft auf unserem Planeten ich erahnte.

Am Morgen des Abreisetages war das Lager vor Sonnenaufgang in dichten Nebel gehüllt. Ich hatte beschlossen, zur Quelle auf der anderen Seite des Sees zu gehen, um dort Wasser zu schöpfen und es meinen Freunden in Paris mitzubringen. Aber wie sollte ich dies nur schaffen, ohne in den See zu rutschen, wo doch der schmale Pfad zur Quelle ganz nah am Wasser entlangführte und der Nebel es unmöglich machte zu erkennen, wohin ich die Füße setzte? Während ich noch zögerte und darüber nachdachte, setzte sich ein kleiner Vogel piepsend auf einen Felsbrocken, der aus dem Boden herausragte, und auf den ich mich gestützt hatte. Er fing rufend an, von Stein zu Stein zu flattern, immer einen knappen Meter von mir entfernt, und führte mich so sicheren Schrittes auf festem Boden. Er kam mit bis zur Quelle und brachte mich dann, auf die gleiche Weise, wieder ins Lager zurück. Das war das allerletzte Wunder, das ich inmitten dieser Natur erlebte, die derart vom Geiste angeregt und durchdrungen war.

Während ich bei der Quelle war, hatte ich eine seltsame Zeichnung auf dem darüber liegenden Felsen erscheinen sehen. Ich blieb einen Moment erstaunt stehen, um sie zu betrachten. Als ich dann ins Lager zurückkam, besuchte mich eine junge Schwester, die sich von mir verabschieden wollte. Sie überreichte mir ein leeres Notizbuch, das, wie sie mir sagte, dafür verwendet werden sollte, die bulgarische Grammatik abzuschreiben.

Auf der ersten Seite war genau die von ihr angefertigte Zeichnung, wie ich sie auf dem Felsen gesehen hatte.

Die Zeichnung auf einem Felsen im Rila-Gebirge

Dann ging ich nach oben, um mich von Meister Danov zu verabschieden. Am Abend zuvor war ich von ihm zum Abendessen bei seinem Zelt eingeladen worden, um meinen letzten Tag in Rila zu feiern – zusammen mit anderen Fremden, die gerade das Lager besuchten.

Als wir während dieses Abendessens gedrängt um den improvisierten Tisch saßen, fiel ein sintflutartiger Regen vom Himmel, der an den Seiten des überdachten Essplatzes stellenweise wie Wasserwände herunterlief. Neben dem Meister sitzend erlebte ich nicht nur diese Emotion, sondern nahm auch die seltsam durchdringenden Blicke der Finnen, Deutschen und Estländer wahr, die alle Frankreich in mir zu sehen schienen.

Nach der Rückkehr in mein Zelt hatte ein Bruder mir im Auftrag des Meisters eine riesige Brioche (rundes Hefegebäck) als Reiseproviant für den nächsten Tag gebracht.

Ich wollte mich also bei ihm für dieses Geschenk bedanken und mich verabschieden. Noch heute sehe ich ihn, wie er oben auf dem Weg, der zu unseren Zelten führte, stand: feierlich und geheimnisvoll, wie der Bewohner einer Welt, die ganz anders ist als die, in der wir uns befinden. Er sprach ein paar Abschiedsworte und fügte hinzu: »Ich werde Sie begleiten. Bei der Hütte wird dann die Sonne scheinen.«

Ich reiste mit dem gleichen Bruder zurück, der mich von Frankreich hergebracht hatte. Auf dem Weg nach unten spürte ich die ganze Zeit, dass der Meister neben mir herging, so deutlich, als hätte er dies physisch getan. Wir erreichten die Hütte, wo wir für ein kurzes Mittagessen anhielten. Als wir uns wieder auf den Weg machten, ging der Meister noch mit bis zu den Säulen des Eingangs, dann verließ er uns. Ich spürte, dass ich mich von nun an ganz auf die Zukunft ausrichten würde. Die Sonne trat bereits hervor, der Nebel verflüchtigte sich schnell und ich betrat ein neues und leuchtendes Leben.

Begegnung mit Bruder Mikhaël

Nach Paris zurückgekehrt, wusste ich – gemäß den Worten von Meister Danov –, dass ich berufen war, einen Menschen zu treffen, mit dem ich arbeiten sollte, und dass ich ihn sofort erkennen würde. Aber mir war nicht bekannt, um wen es sich handelt, da mir in Bulgarien niemand auch nur den geringsten Hinweis auf einen Bruder gegeben hatte, der nach Frankreich gereist war. Weil ich damals nichts über den Zeitpunkt dieses zukünftigen Treffens wusste, kümmerte ich mich also nicht weiter darum. Es folgte eine ganze Reihe weiterer »Zufälle«, die den Kontakt zwischen »Bruder Mikhaël« und mir herstellten.

Während meiner Abwesenheit von Paris hatten sich im Leben von »Bruder Mikhaël« Dinge ereignet, die dazu führen sollten, dass sich unsere Lebenswege kreuzen konnten. Einige Zeit vor seiner Ankunft in Frankreich hatte die Bekannte, die mich dann in Paris mit dem Schüler von Meister Peter Danov bekannt gemacht hatte, ein Buch von ihm in der bulgarischen Hauptstadt Sofia bestellt. Ihre Adresse war daher der Bulgarischen Bruderschaft bekannt. Bevor Bruder Mikhaël abreiste, übergab ihm die Sekretärin von Meister Peter Danov diese Adresse und sagte, er solle versuchen, mit dieser Dame in Kontakt zu treten, da sie ihn wahrscheinlich mit spirituellen Bewegungen in Verbindung bringen könnte. Da sie jedoch Polin ist, war sie während ihres Urlaubs nach Warschau gefahren, um ihre Familie zu besuchen, die sie schon viele Jahre nicht mehr gesehen hatte.

Bei seiner Ankunft in Paris rief Bruder Mikhaël daher mehrmals vergeblich bei ihr an. Vorwand für seine Aufenthaltserlaubnis in Frankreich war der Besuch einer internationalen Ausstellung gewesen, die damals in Paris stattfand. Somit war die Gültigkeit seiner Aufenthaltsdauer begrenzt. Darüber hinaus verpflichtete ein Abkommen alle Ausländer, das französische Hoheitsgebiet zu verlassen, sobald die Ausstellung zu Ende war. So machte Bruder Mikhaël sich schon bereit, diesem Abkommen Folge zu leisten.

Während seines Aufenthaltes hatte er einen großen Teil seiner Zeit dem Besuch von Museen und dem »Palais de la Découverte« gewidmet und in allen Bereichen alles studiert, was möglich war. Aber nun hätte er wieder zurückreisen müssen. Er beschloss daher, diese Polin ein letztes Mal anzurufen. Er war bereit, Frankreich am nächsten Morgen zu verlassen, falls sie noch immer nicht antworten würde. Doch ein wundersamer »Zufall« hatte in Warschau dafür gesorgt, dass dieser Dame die Brieftasche gestohlen wurde und sie deshalb gezwungen war, mit etwas Geld, das sie sich für die Rückreise ausgeliehen hatte, sofort nach Paris zurückzukehren. Sie war gerade erst nach Hause gekommen und hatte noch ihre Reisekleidung an, als das Telefon klingelte. Mit dem Hut auf dem Kopf hob sie den Hörer ab. Dies war ihr erster Kontakt mit Bruder Mikhaël.

Eine Reihe kleiner, ebenso erstaunlicher Vorfälle führte dazu, dass ich mich am Abend dieses denkwürdigen Tages, nach meiner Arbeit, mit meiner polnischen Bekannten und einem Freund traf und dort mit Bruder Mikhaël bekannt gemacht wurde.

Ich war emotional noch immer ganz von dem durchdrungen, was ich kürzlich in Bulgarien erlebt hatte. Als ich diesen Schüler von Meister Danov sah, war ich überrascht und sofort von seiner intensiven Ausstrahlung ergriffen. Das Unsichtbare seiner Wesensart war nur mit der von Meister Danov vergleichbar. In Sofia hatte ich einige besonders bemerkenswerte Schüler kennengelernt, darunter einen Universitätsprofessor, dessen Gesicht von einer sehr großen Gelehrsamkeit geprägt war, gepaart mit einer außergewöhnlichen esoterischen, intellektuellen und spirituellen Entwicklung. Aber keiner dieser Schüler konnte sich auch nur entfernt mit demjenigen messen, der jetzt vor mir stand.

Mein Inneres entflammte, als ich ihn sah, und ich wusste: »Das ist der wahre Schüler von Meister Danov.« Meine nächste Wahrnehmung war: »Er hat das Gesicht, das mir gezeigt wurde: Johannes.« Seine Augen, sein Haar, sein gleichzeitig männlicher und weiblicher Ausdruck ließen keinen Zweifel an dieser Übereinstimmung aufkommen. Darüber hinaus erfüllte mich eine Gewissheit, die den Worten von Meister Danov entsprach: Er ist der auserwählte Schüler, mit dem ich arbeiten soll. All dies geschah innerhalb weniger Sekunden in Form von blitzartigen Wahrnehmungen, die man nicht beschreiben kann. Ab diesem Moment wusste ich, was ich zu tun hatte.

Kurz darauf wurden mir weitere außergewöhnliche Enthüllungen gemacht, die ich Bruder Mikhaël mitteilte. Sie betrafen die spirituelle Ebene, von der er kam, die Art der Mission, mit der er beauftragt war, sowie das, was daraus hervorgehen sollte. Die späteren Ereignisse sollten diese intuitiv wahrgenommene Vorausschau bestätigen.

Aus dem oben Gesagten ist leicht nachvollziehbar, dass ich nicht zögerte, Bruder Mikhaël den Vorschlag zu machen, in dem freien Zimmer meiner Wohnung zu wohnen, und die Hilfe anzunehmen, die ich ihm geben konnte. Angesichts der Bedeutung der künftigen Ereignisse, die mit diesem Vorschlag zusammenhingen, konnten keine persönlichen Erwägungen mehr zählen. Bruder Mikhaël antwortete mir nicht sofort, sondern wollte zuerst innerlich seinen Meister konsultieren, bevor er dieses Angebot annahm. Nachdem er von ihm die Genehmigung erhalten hatte, die ihm später schriftlich bestätigt wurde, ließ er sich in meiner Wohnung nieder und machte sie zum Zentrum seiner spirituellen Aktivitäten.

Bruder Mikhaël im Jahr 1937

Teil 2

Tagebuchaufzeichnungen von Schwester Stella

Nach dem Tod von Stella Bellemin wurden in ihrer Wohnung Tagebuchaufzeichnungen aus den Jahren 1937-1945 gefunden, die nachstehend wiedergegeben werden. Schwester Stella spricht dort von sich in der dritten Person (grammatikalisch gesehen). Sie erzählt viel von Männern und Frauen, die zu den ersten Schülern von Omraam Mikhaël Aïvanhov gehörten. Dabei nennt sie diese »Bruder« oder »Schwester«, wie es in der bulgarischen Bruderschaft von Meister Peter Danov gebräuchlich war. Auch Omraam Mikhaël Aïvanhov wurde zu jener Zeit noch „Bruder Mikhaël" genannt.

Jahr 1937

1. September 1937
Schwester Stella bietet Bruder Mikhaël an, bei ihr einzuziehen, bis eine Wohnung für ihn gefunden wird. Durch seine Anwesenheit bekommt sie nun viele Besucher. Wenige Tage nach seiner Ankunft trifft Bruder Mikhaël ihren Neffen Rafael* und dessen Schwester Miarka.

Zu Beginn konnte Bruder Mikhaël zwar gut Französisch lesen, es aber noch nicht gut sprechen. Dennoch gelingt es ihm, seine Gedanken verständlich zu machen, und zwar durch beredsame Gesten, die für alle, die ihn treffen, unvergesslich bleiben werden. Nach und nach lernt er dann, sich so gut auszudrücken, dass er seinen Besuchern Wahrheiten erklären kann, die für sie immer prägend sein werden.

Im Haus von Schwester Stella gibt es schon nach wenigen Wochen kleine Treffen von zehn bis fünfzehn Personen. Bei allen wächst der Durst, mehr von ihm zu hören. Weil bei Schwester Stella der

---

* Rafael widmete daraufhin sein Leben der Lehre Aïvanhovs und war mehr als fünfzig Jahre lang Generalsekretär und dann Vizepräsident der Vereinigung.

Platz nicht reicht, um alle zusammenzubringen, treffen sich kleine Gruppen bei verschiedenen Privatpersonen, die von Bruder Mikhaël besucht werden.

Weihnachten 1937
Schwester Stella, die zu ihrer Familie nach Lyon fahren soll, lädt Bruder Mikhaël ein, sie zu begleiten. Ihre Mutter begrüßt ihn mit offenen Armen. Ein Band der Zuneigung entsteht zwischen ihnen, und Bruder Mikhaël nennt sie zu ihrer größten Freude »meine französische Mutter«. In ihrer Seele vollzieht sich eine große Wandlung; sie lebt jetzt in der Liebe zu Meister Peter Danov und zu Bruder Mikhaël.

Nach der Rückkehr nach Paris muss eine Entscheidung getroffen werden, um die Erwartungen all jener zu erfüllen, die Bruder Mikhaël hören wollen. Nachdem er wegen seiner unzureichenden Französischkenntnisse lange gezögert hatte, akzeptiert er nun die Idee, mit öffentlichen Vorträgen zu beginnen.

Bruder Mikhaël, Rafael und Miarka Bellemin

Jahr 1938

29. Januar 1938

Am Platz »Place de la Sorbonne Nr. 2« spricht Bruder Mikhaël im Luxemburger Saal vor etwa hundert Menschen. Dieser erste Vortrag trägt den Titel: »Was ist die zweite Geburt«, ein Kommentar zum Wort Jesu in den Evangelien: »Wenn ein Mensch nicht aus Wasser und Geist geboren wird, kann er nicht in das Reich Gottes eintreten.«[1]

Der Tag dieses ersten Vortrags war für ihn von einem unvergesslichen Vorfall geprägt, von dem er oft erzählte.

»Was für ein Ereignis war es für mich, zum ersten Mal zu den Franzosen in ihrer eigenen Sprache zu sprechen! Ich wohnte bei Schwester Stella, und an diesem Morgen war sie bereits zur Arbeit gegangen, als ich beim Aufdrehen des Wasserhahns meines Waschbeckens merkte, dass kein Wasser kam. Ich ging in die Küche, um zu kontrollieren, ob im Spülbecken Wasser kommt, vergaß aber dann, den Wasserhahn meines Waschbeckens wieder zuzudrehen. Dann verließ ich das Haus… Als ich zurückkam, lief das Wasser wieder, hatte aber wegen des offenen Wasserhahns eine kleine Überschwemmung auf dem Boden angerichtet, und ich fing an, es aufzuwischen. Als Schwester Stella von der Arbeit nach Hause kam, entdeckte sie die Überschwemmung, und mich wischend auf den Knien. Es tat ihr sehr leid für mich, aber ich lachte und sagte: ›Nein, seien Sie nicht bekümmert. Das Wasser bedeutet Liebe, es bedeutet Fülle, diese Überschwemmung ist ein großartiges Vorzeichen!‹ Seitdem habe ich immer weiter Vorträge gehalten.«[2]

Von nun an hält Bruder Mikhaël jeden Samstag in diesem Saal Vorträge. Hierhin kamen Bruder Jahan und seine Frau Raymonde zum ersten Mal, und sie wurden – tief berührt von Bruder Mikhaëls Ausstrahlung – bald zu hingebungsvollen und treuen Helfern.

5. Februar 1938
Vortrag zum Thema »Bittet, so wird euch gegeben, suchet, so werdet ihr finden, klopfet an, so wird euch aufgetan«.

12. Februar
Vortrag zum Thema »In den Augen offenbart sich die Wahrheit«.

19. Februar
Vortrag zum Thema »Die Ohren bergen die Weisheit«.

26. Februar
Vortrag zum Thema »Der Mund kündet von der Liebe«.

12. März
Vortrag über den Meister Peter Danov.[3]

Schwester Stella stenographiert seine Vorträge.*

Samstags sind im Vortragssaal am »Place de la Sorbonne« so viele Zuhörer, dass die Bühne, auf der sich Bruder Mikhaël befindet, schließlich von Nachzüglern eingenommen wird. Stehend findet er gerade noch genug Platz für seine Füße. Er spricht von Fülle und begleitete dabei seine Worte mit ausdrucksstarken Gesten, während er die Zuhörer darum bittet, ihm die fehlenden Worte einzuflüstern. Was für eine Atmosphäre im Raum! Es ist ein wunderbares Zusammenwirken zwischen den Zuhörern und dem Vortragenden, wo sich die Vereinigung der Seelen im Unsichtbaren verwirklicht. Zu Beginn eines jeden Treffens singen die Anwesenden Lieder von Meister Peter Danov auf Bulgarisch.[4]

---

* Schwester Stella hat von 1938 bis 1960 alle Vorträge des Meisters stenographisch erfasst. Parallel dazu wurde ab 1958 mit den Tonbandaufnahmen begonnen.

5. Juni 1938

Eine weitere Reise nach Lyon, wo jetzt eine kleine Gruppe das Kommen von Bruder Mikhaël erwartet. Dazu gehören Schwester Stellas Neffe Raphael und ihre Nichte Miarka, die ungeduldig sind, ihn wiederzusehen. Bruder Mikhaël spricht von der »spirituellen Galvanoplastik«[5] vor etwa dreißig Menschen, die mit Erstaunen die Beziehungen entdecken, die er zwischen der physischen und der geistigen Welt herstellt.

Nach der Rückkehr aus Lyon werden die Vorträge in Paris bei Privatpersonen fortgesetzt.[6] Am Ende der Treffen gibt es zahlreiche Teilnehmer, die zu uns sagen: »Endlich sehen wir klar.«

Bruder Mikhaël, Schwester Raymonde und Schwester Stella

24. Juli 1938

Treffen im Pariser Stadtteil Sèvres, im Garten eines Bruders, und Vortrag vor einem großen Publikum. Es ist der letzte des Sommers, und in diesem schönen Garten zeigt Bruder Mikhaël uns die Atemübungen des Meisters.[7]

Dann sind wir unterwegs zur französischen Riviera, weil wir Bruder Mikhaël diese sonnige Gegend Frankreichs zeigen wollen. Er soll auch Brüdern und Schwestern vorgestellt werden, die dort sein Kommen erwarten.

Wir fahren zuerst mit dem Bus über die Alpen, dann nach Nizza, Cannes, Fréjus, Gonfaron, Toulon... Wir besuchen Brüder und Schwestern. Schließlich ein Aufenthalt in Le Trélus (Cap Brun), bei Schwester C. Auf allen Gesichtern kann man die Freude und den Frieden lesen.

Le Trélus – August 1938

12. September 1938

Rückkehr nach Paris, kleines Treffen bei Schwester Stella im Oktober. Sonntags nutzt Bruder Mikhaël die letzten sonnigen Tage, um die Umgebung von Paris zu besuchen, wohin ihn Bruder Jean mit unermüdlicher Hingabe in seinem Auto bringt. Unterwegs spricht Bruder Mikhaël über verschiedene Themen. Es sind wunderbare und äußerst wertvolle Lektionen!

Wochentags kümmern wir uns um die Veröffentlichung der Vorträge. Drei Pariser Brüder und Schwestern reisen nach Bulgarien. Sie werden einige Zeit in Izgrev (Sofia) bei Meister Peter Danov verbringen.

5. November 1938

Bruder Mikhaël hält in Paris den ersten Vortrag der Saison, diesmal jedoch im Saal des »Club de France«, (Boulevard Saint-Germain), der größer ist als der vorherige. Dieser Vortrag ist ein Kommentar zum Wort Jesu: »Wandelt, solange ihr das Licht habt« (Jh 12,35).[8]

Jeden Samstag spricht er nun vor einem so begeisterten und zahlreichen Publikum, dass viele im Flur stehen müssen. Einige Leute hören sogar vom Innenhof aus zu. Auch das Podium, auf dem Bruder Mikhaël steht, wird besetzt. Die stehenden oder auf dem Boden sitzenden Zuhörer wollen um keinen Preis auf den Vortrag verzichten.

Am Eingang empfängt Schwester T. die Zuhörer. Bruder Jean und seine Frau verkaufen die Vorträge sowie die Liederbücher des Meisters, um die Miete des Saals zu bezahlen. In der Nähe des Podiums reserviert Schwester Stella Plätze für die Chorsänger und stenographiert dann den Vortrag mit. Das Treffen beginnt immer mit Liedern.

Auf dem Land in der Umgebung von Paris
mit Bruder Jean und Schwester Stella

Jahr 1939

Ostern 1939
Bruder Mikhaël und Schwester Stella brechen nach Marseille auf, wo Schwester L. ihnen Gastfreundschaft gewährt. Zahlreiche Gespräche mit einzelnen Personen sowie Vorträge vor etwa zwanzig Menschen finden in ihrem Haus statt. Bruder Mikhaël erklärt, dass uns das Gehirn nur ein begrenztes Verständnis der Realität vermittelt. Die großen Geheimnisse werden nicht vom Intellekt, sondern von allen Zellen und Organen unseres Körpers verstanden.

Ende April 1939
Rückkehr nach Paris. Bruder Mikhaël und Schwester Stella haben die große Freude, Luba, eine bulgarische Schwester, willkommen zu heißen, die für die Bruderschaft einen Kuchen von Meister Peter Danov mitbringt. Wieder einmal sind die Dienste von Bruder Jean gefragt. Lächelnd wie immer, fährt er uns zu einigen Sehenswürdigkeiten in der Nähe von Paris, damit Schwester Luba eine Erinnerung an die schönen Landschaften Frankreichs mit in ihr Land Bulgarien bringen kann.

Besuch der Palastanlage in Versailles

29. April 1939

Gutbesuchtes Treffen im Haus von Bruder und Schwester M. mit Liedern, Gebeten, Gesprächen... Eine Atmosphäre voller Gefühle und brüderlicher Liebe. Der Kuchen, den Meister Peter Danov geschickt hatte, wird zur Freude aller geteilt. Wir haben Mühe, uns von all den Brüdern und Schwestern zu trennen, die so viel getan haben, um diesen lichtvollen Tag zu ermöglichen.

10. Mai 1939

Die Tage vergehen schnell. Schwester Luba muss wieder nach Sofia zurückreisen. Brüder und Schwestern aus Paris, die sie zu schätzen gelernt haben, begleiten sie zum Zug. Auf dem Bahnsteig stehend, hat die Gruppe den Wunsch, ein Lied des Meisters zu singen, aber Bruder Mikhaël findet es nicht angemessen. Besser nicht zu viel Aufmerksamkeit erregen. Wir machen deshalb nur Fotos. Schwester Luba steigt in den Zug, der sich kurz darauf in Bewegung setzt. Was für ein rührender Abschied: »Schwester Luba, übermitteln Sie bitte dem Meister unsere Liebe!« Als sie in Bulgarien ankommt, erzählt sie der Bruderschaft von ihrem Aufenthalt in Frankreich. Sie liest einen Brief der Pariser Brüder und Schwestern vor, in welchem sie dem Meister ihre Verehrung vermitteln. Viele sind bewegt und haben Tränen in den Augen.

26. Mai 1939

Bruder Mikhaël beginnt für die Brüder und Schwestern, die in großer Zahl gekommen sind, die Paneurhythmie[9] zu unterrichten.

28. Mai 1939

Fast einhundertfünfzig Geschwister folgen der Einladung von Bruder Mikhaël, am Morgen in den Wald von Marly in Saint-Nom-la-Bretèche zu gehen. Auf einer großartigen Lichtung lässt er die Gruppe anhalten. Alle suchen sich einen Platz und wir essen im Gras. Es mangelt nicht an Fotografen. Sie verfolgen Bruder Mikhaël und machen Gruppenfotos von denjenigen, die nicht gerade auf einem Spaziergang sind.

Gruppenfoto auf der Waldlichtung

Bruder Mikhaël erklärt die morgendlichen Gymnastikübungen und führt sie vor. Diese Übungen sind sehr einfach und er fordert die Brüder und Schwestern auf, sie mit ihm zusammen zu üben und sich der Bewegungen bewusst zu werden, die sie gerade ausführen.

Bruder Mikhaël führt eine Gymnastikübung vor

Bruder Mikhaël führt eine weitere Gymnastikübung vor

Bruder Mikhaël lädt dann die ganze Gruppe dazu ein, sich in einem Kreis um ihn herum aufzustellen. Er erklärt die Bedeutung von Musik und Gesang für das innere Leben und unterstreicht auch die Kraft der Lieder des Meisters. Dann sagt er: »Wir singen jetzt ›Douhat Boji‹ (auch Deutsch ›Göttlicher Geist‹). Aber singen Sie leise, verstärken Sie ihre Stimme nicht: Dieses Lied soll wie eine ruhige und sanfte Welle dahinfließen.« Zuerst spielt Bruder Krebs auf der Geige die Melodie vollständig vor, dann beginnen die Sänger. Die reinen Klänge der Melodie erfüllen die Seelen. Alle singen mit Inbrunst und Freude. In der Ruhe des Waldes erblüht das Lied wie eine wunderbare Blume. Verloren in den Empfindungen, die dieses Lied erweckt, fühlt sich Bruder Mikhaël gewiss ins bulgarische Paradies seines Meisters zurückversetzt: ins Bruderschaftszentrum Izgrev und ins Rilagebirge.

Bruder Mikhaël hält weiterhin Vorträge vor einem Publikum, das von Woche zu Woche größer wird. Er bekommt oft Besuch, macht selbst viele Besuche und wird ständig um private Unterredungen gebeten. Nach solch angefüllten Tagen braucht er die frische Luft der Wälder. Der immer dienstbereite Bruder Jean fährt ihn dorthin. Auch einige Brüder und Schwestern begleiten ihn manchmal bei seinen Ausflügen. Von nun an kommt Bruder Mikhaël während der gemeinsamen Mahlzeiten oft auf die Notwendigkeit zurück, ein besseres Verständnis der Nahrung zu erlangen: schweigendes Essen, Konzentration auf die Nahrung und von Zeit zu Zeit einige tiefe Atemzüge, um von den feinstofflichen Elementen, die in der Nahrung enthalten sind, profitieren zu können.

Dank Bruder Jean kopieren wir die Vorträge weiterhin auf der Vervielfältigungsmaschine »Roneo«, die er gekauft hat. Es ist eine unverhältnismäßige Menge an Arbeit. Jeder tut sein Bestes, aber es mangelt an materiellen Ressourcen und auch an Zeit. Welch eine Anstrengung, um die nötigsten Resultate zu erzielen!

Eine kleine Gruppe von Brüdern und Schwestern mit Bruder Mikhaël

Bruder Mikhaël hat auch große Schwierigkeiten, die Papiere zu bekommen, die er braucht, um weiterhin in Frankreich leben zu können. Die Brüder und Schwestern beten ständig für ihn, denn die Vorstellung, er könne gezwungen sein, sie zu verlassen, erfüllt sie mit großer Sorge.

18. Juni 1939

Ein zweiter Ausflug in den Wald von Marly. Das Gras ist gewachsen, die Blätter sind da und der Wald ist zauberhaft! Bei mildem, sonnigem Wetter picknicken einhundertachtzig Brüder und Schwestern auf der Lichtung, die die Bruderschaft nun so gerne für sich beansprucht. Nach dem Mittagessen macht jeder einen Spaziergang. Das große Treffen findet erst ein wenig später statt. Die darauffolgenden Stunden sind angefüllt mit Übungen, Liedern und Vorträgen. Alle sind beruhigt, belebt und glücklich.

Die Lehre breitet sich im Land weiter aus. In siebzig Städten gibt es Leser seiner Vorträge. In Lyon, Marseille, Toulon, Nizza, Bordeaux wachsen die Gruppen. In Paris ist der Saal schon wieder zu klein.

1. Juli 1939

Bruder Mikhaël hält den letzten Vortrag vor der Sommerpause. Er übersetzt uns einen Vortrag des Meisters Peter Danov, aus dem er einige Passagen kommentiert. Folgenden Abschnitt habe ich mir besonders notiert: »Für jeden wird der gesegnete Tag kommen, an dem er seinem Meister begegnet. Dieser Tag ist unter allen Tagen einzigartig. In dem Moment, wo der Meister und der Schüler sich treffen und einen ersten Blick austauschen, durch den sie einander erkennen, schweigt das Universum, und von den Tiefen der Abgründe bis hin zum Thron Gottes halten alle Wesen ihren Atem an, denn ein verlorenes Schaf ist nun wiedergefunden und wird gerettet.«

Dann schlägt Bruder Mikhaël der Bruderschaft für den 17. Juli einen dritten und letzten Ausflug in den Wald vor. Der Vorschlag wird mit großer Begeisterung angenommen.

17. Juli 1939

Das Wetter ist unbeständig. Jede Aufhellung birgt einen Hoffnungsschimmer. Wir machen die Übungen auf einer Allee, die zur Lichtung führt. Bruder Mikhaël lädt die Brüder und Schwestern zum Singen ein. So versammeln sich alle um ihn herum und beginnen, die Lieder zu singen, die sie nun immer besser kennen.

In der Mitte Bruder Mikhaël,
links von ihm Schwester Stella und Bruder Krüger

Nach dem Mittagessen wird das Wetter wieder bedrohlich und
Bruder Mikhaël rät den Brüdern und Schwestern, zur Straße aufzubrechen, die zum Bahnhof hinunterführt, um dort bei Bedarf Schutz
zu finden. Alle folgen ihm. Ein Gewitter beginnt. Im Regen kehrt
die Bruderschaft nach Saint-Nom-La-Bretèche zurück und nimmt
Zuflucht in einem kleinen Café, unter einem langen Zeltdach,
das an einer Seite des Gebäudes aufgestellt ist. Um einen Tisch
herumsitzend, stimmen sie mit Begeisterung einige Lieder an. Die
anderen Besucher des Cafés kommen und hören zu. Dann singt
Bruder Mikhaël alleine »Ni sme slaveitscheta gorski« (Wir sind die
Nachtigallen des Waldes). In dem Moment durchquert eine weiße
Taube den Garten und setzt sich auf ein kleines Fenster direkt über
seinem Kopf. Was für eine entzückende Überraschung! Daraufhin
stimmt Bruder Mikhaël das Lied »Voyelles« an und alle singen mit.
Freudig kehren wir nach Paris zurück.

Jetzt ist für viele Brüder und Schwestern die Vorbereitung ihrer Reise
nach Bulgarien angesagt. Zwei Schwestern haben Paris bereits verlassen. Eine große Gruppe von Brüdern und Schwestern aus Paris,

Lyon, Toulouse, Seyssel und Algier wird voraussichtlich um den [10]. August herum abreisen. Die Gruppe wird sich in Lyon treffen. Zwei Schwestern, eine Finnin und eine Schwedin, die sich länger in Paris aufhielten und bald in ihre jeweiligen Länder zurückkehren müssen, schließen sich ebenfalls dieser Gruppe an. Wie diejenigen, die vor ihnen schon dort waren, werden auch sie gewiss unvergessliche Tage mit dem Meister im Rila-Gebirge erleben.

Paneurhythmie-Tanz im Rila-Gebirge

In der Zwischenzeit fahren Bruder Mikhaël, Schwester Stella, Bruder Jean und seine Frau, Schwester Raymonde, mit dem Auto nach Campagne de Gonfaron (bei Fréjus). Nach einem Aufenthalt in Nizza, wo Bruder Mikhaël Schwester B. besucht, folgen Monaco, Menton und Ventimiglia.

Auf der Straße nach Italien

Unser Wagen überquert die Grenze und ist auf den Straßen Italiens unterwegs, wo wir mit einer unterschwelligen Feindseligkeit begrüßt werden. Die Gemüter sind erhitzt, und man spricht von einem nahenden Krieg. Auf den Straßen gibt es außer uns keine französischen Autos. Der Wagen wird im Vorbeifahren ausgebuht und sogar bespuckt. Das geht so bis Genua und La Spezia. Am Ortseingang von La Spezia hält Bruder Jean an, um ein paar Dinge einzukaufen. Bruder Mikhaël bleibt im Auto mit den Schwestern Raymonde und Stella. Etwa zwanzig Meter entfernt taucht eine Gruppe von Kindern auf. Unter ihnen ist ein sehr kleiner, kaum dreijähriger Junge, der anfängt zu weinen und an der Hand seiner älteren Schwester zu ziehen, um zu unserem Auto zu kommen. Nach anfänglichem Widerstand gibt die Schwester nach und lässt sich führen. Der Kleine kommt direkt zu Bruder Mikhaël, der die Tür öffnet und ihn auf den Schoß nimmt. Mit einem kleinen Wörterbuch, das er mit sich führt, fragt er das Kind: »Wie heißt du?« »Erzengel Gabriel«, antwortet seine Schwester. Von diesem Moment an wird bei der Weiterreise das Auto mit freundlichem Lächeln und winkenden Gesten begrüßt, und die Reisenden werden überall bestens empfangen.

Ende August 1939

Rückkehr nach Nizza, dann nach Gonfaron. Das Leben würde weiterhin so sanft und heiter dahinfließen, wenn die Kriegsgefahr nicht immer größer werden würde. Schwester Stella erhält vom ONM (Office National Météorologique – Nationales Wetteramt in Frankreich), wo sie Beamtin ist, den Befehl, unverzüglich nach Trappes zurückzukehren. Sie fährt am nächsten Morgen los. Der Bahnhof ist voll von aufgeregten und ängstlichen Menschen.

1. September 1939

Schwester Stella folgt dem ONM nach Saint-Cyr-l'École. Am 3. September wird der Krieg erklärt, und am 22. September wird Schwester Stella nach Tremblay-sur-Mauldre geschickt. Dies hindert sie jedoch nicht daran, jeden Samstagabend nach Paris zurückzukehren, denn die Bruderschaft trifft sich weiterhin.

In einem Saal des »Marignan« kommen nun etwa achtzig Brüder und Schwestern zusammen, um Bruder Mikhaël zuzuhören und die Paneurhythmie tanzen zu lernen; Schwester Stella begleitet die Melodie auf ihrer Flöte. Den ganzen Winter über kämpft die Bruderschaft gegen die immer bedrückender werdende Atmosphäre an. Bruder Mikhaël versucht durch seine Worte und seine Haltung, wenigstens in den Herzen die Hoffnung und den Frieden zu wahren.

Jahr 1940

1. Januar 1940

Bruder Mikhaël diktiert Schwester Stella eine Botschaft für die Brüder und Schwestern. Er sendet ihnen seine besten Wünsche für das neue Jahr. Aber vor allem ermutigt er sie, im spirituellen Leben beharrlich zu bleiben, denn nur dort würden sie die Ressourcen finden, um die vor ihnen liegenden Herausforderungen zu meistern.

22. März 1940

Erster Tag des Frühlings. Bruder Mikhaël lädt die Bruderschaft in den Parc de Saint-Cloud (Terrasse des Trocadero) ein, um am Sonnenaufgang teilzunehmen. Eine Gruppe von fünfzig Brüdern und Schwestern folgt seinem Ruf. Obwohl der Himmel die Tage zuvor bedeckt war, geht an diesem Morgen eine strahlende Sonne am wolkenlosen Horizont auf. Es folgen Gebete, Meditationen, Atem- und Gymnastikübungen sowie Paneurhythmie.

Vor dem Brunnen im Parc de Saint-Cloud

Bruder Mikhaël betont in seiner Ansprache die Notwendigkeit, sich auf den Sonnenaufgang vorzubereiten: Bereits auf dem Weg dorthin sollen wir denken, dass wir dem König des Himmels begegnen werden. Vor der Sonne sitzend sollen alle Sorgen beiseitegelassen werden. Stattdessen soll man sich ausschließlich auf die Sonne konzentrieren, um von ihrem Licht, ihrer Wärme und ihrem Leben zu profitieren.

Wie lange werden wir noch zum Sonnenaufgang gehen können? Man spürt immer mehr, wie sich überall Misstrauen breitmacht. Die hellhörig gewordenen Parkwächter stellen Fragen.

21. April 1940
Wir werden gebeten, unsere Versammlungen im Park zu beenden.

27. April 1940
Letztes Üben der Paneurhythmie im Saal des »Marignan«. Auch hier erregt ein Zusammentreffen vieler Menschen in öffentlichen Räumen Aufmerksamkeit. Die Weisheit rät zur Vorsicht.

30. April 1940
Brief von Bruder Boev, dem Sekretär des Meisters, an Bruder Mikhaël. Er teilt ihm mit, dass der Meister sehr glücklich sei, zu hören, dass die Brüder und Schwestern am Sonnenaufgang teilnehmen, und dass er für Frankreich bete.

22. Mai 1940
Schwester Stella wird nach Barbezieux (Département Charente) geschickt, wo sich der ONM nun teilweise niedergelassen hat. Sie wird dort bis zum 6. April 1941 bleiben, dann wird sie von ihrem Dienst beim Wetteramt ONM befreit. Sie kehrt endgültig nach Paris zurück und trifft Bruder Mikhaël wieder, der in diesen langen Monaten vielen Menschen begegnet war und oft eingeladen wurde, um vor kleinen Gruppen von Brüdern und Schwestern zu sprechen.

Jahr 1941

26. Mai 1941

Bruder Mikhaël erhält (endlich!) eine Aufenthaltserlaubnis für die Dauer von drei Monaten! Das Beherbergen eines ausländischen Gastes, dessen Visum immer nach kurzer Frist ablief, hatte Schwester Stella alle möglichen bürokratischen Schwierigkeiten beschert. Bruder Mikhaël hingegen hatte immer betont, dass er dem Himmel vertraue. Hier ein Ereignis, das ihm auf besondere Weise Recht gibt:

Eines Tages hatte das Polizeipräsidium verkündet, das Aufenthaltsvisum werde nur dann verlängert, wenn Bruder Mikhaël eine Petition vorlege, die von zehn Personen mit ausreichender sozialer Stellung unterzeichnet wurde, und zwar mit dem Zusatz, dass diese Personen Männer sein mussten. Als diese Nachricht eintraf, blieben uns gerade noch zwei Stunden! Wir konnten in dieser kurzen Zeit unmöglich zehn Brüder erreichen, denn sie waren über ganz Paris verstreut und bei ihrer Arbeit. Wie sollten sie so schnell zum Unterzeichnen der Petition erscheinen? Die Situation erschien hoffnungslos. Aber dann klingelte es plötzlich an der Tür. Einmal, zweimal, dreimal... Wir trauten unseren Augen nicht. Innerhalb einer Viertelstunde hatten zehn Brüder, wie durch ein Wunder, von ihrer Arbeit frei bekommen und die Gelegenheit genutzt, um Bruder Mikhaël zu besuchen. Alle kamen von verschiedenen Orten ohne sich untereinander abzusprechen, und keiner wusste etwas von der aktuellen Situation. Wir konnten die Petition daher sogar noch kurze Zeit vor Ablauf der Frist zur Präfektur bringen!

4. Juni 1941

Bruder Mikhaël sprach über einen Vers des Propheten Jesaja und über die Juden. Er sagte: »Eines Tages werden sie wieder zusammen sein und einen großartigen Staat schaffen. Je mehr sie gejagt und gequält werden, desto intelligenter, fähiger und widerstandsfähiger werden sie. Es ist nicht das Leiden, das ein Volk zerstört, sondern ein zu leichtes Leben voller Vergnügungen. Seit Jahrhunderten, seit sie verfolgt werden, sind die Juden gezwungen, sich auf allen Gebieten zu entwickeln. Es ist unnütz, ihnen dies vorzuwerfen.«

Jahr 1942

22. März 1942

Die Bruderschaft kann wieder am Sonnenaufgang im Parc de Saint-Cloud auf der großen Terrasse teilnehmen. Am Abend findet ein Treffen im Haus von Bruder und Schwester D. statt. Die Worte von Bruder Mikhaël sind in dieser schwierigen Zeit weiterhin für alle ein Trost.

22. Juni 1942

Schwester Stella, Bruder Jean und Schwester Raymonde sowie Bruder Michel D. (ein Russe) und seine Frau Marie (eine Schweizerin) ziehen zusammen mit Bruder Mikhaël in ein großes Haus in der Straße Rue Jeanne d'Arc im Pariser Stadtteil Sèvres. Bruder Mikhaël gab dem Haus den Namen des Bruderschafts-Zentrums in Bulgarien: Izgrev (Sonnenaufgang).

23. Juni 1942
Als er gegen Mittag eintrifft, wird Bruder Mikhaël von seinen Mit-
bewohnern begrüßt, die ihm einen wenige Augenblicke zuvor ange-
kommenen Brief des Meisters Peter Danov überreichen. In diesem
größeren Quartier beginnt ein neues Leben: Bruder Mikhaël kann
mehr Termine für Einzelgespräche für die Brüder und Schwestern
aus Paris vergeben und Besuch von Brüdern und Schwestern aus
den Provinzen empfangen.

Jahr 1943

22. März 1943
Erstes Treffen zum Sonnenaufgang in Izgrev.

April bis Juni 1943
Fast jeden Morgen hält Bruder Mikhaël nach dem Sonnenaufgang
eine Ansprache.

Bruder Mikhaël geht oft nach Paris. Er besucht dort Menschen,
die nicht zu ihm kommen können. Sicher will er auch näher an der
Hauptstadt und in der Nähe ihrer Einwohner sein. Man weiß nie, ob
etwas passieren könnte, und wenn wir ihn am Abend nach Hause
kommen sehen, sind wir erleichtert. Einigen Personen, die ihm
sagten, dass sie Paris verlassen wollen, um den Bombardierungen
zu entkommen, hatte er davon abgeraten. Wir haben erfahren, dass
einige von denen, die seinen Rat nicht befolgt hatten, auf der Flucht
schwer verletzt wurden oder unter den Bomben starben.
Jeden Morgen bei Sonnenaufgang kommen zwei Schwestern, auf
deren Kleidung ein gelber Stern aufgenäht ist. Wir beten, dass ihnen
nichts passiert.

3. Juli 1943
Bruder Mikhaël erhält eine dreijährige Aufenthaltserlaubnis. Dies
ist eine riesige Freude für die Bruderschaft.

Jahr 1944

Das Jahr 1944 ist geprägt von der Sorge um die Veröffentlichung der Vorträge. Es gibt Gespräche mit einem Verleger, Begegnungen mit sehr interessanten Persönlichkeiten, die Kontakt zu Bruder Mikhaël aufnehmen und sich seiner Lehre anschließen. Es folgen Anträge bei der Literatur-Aufsichtsbehörde »Commission française de lecture«, um die Genehmigung zur Veröffentlichung der Vorträge zu erhalten.

8. Juni 1944
Die Genehmigung zur Veröffentlichung wird durch die Aufsichtsbehörde erteilt.

31. Juli 1944
Die Genehmigung zur Veröffentlichung wird auch durch die deutsche Behörde erteilt.

24. August 1944
Die Truppen der Alliierten vertreiben die Deutschen aus Paris. Was für eine Freude! Dies, obwohl wir jetzt alle Anträge neu stellen müssen, denn Frankreich hat eine neue Regierung. Die Bombardierungen haben aufgehört, aber es dauert noch lange, bis sich die Situation stabilisiert hat.

Als Paris und seine Umgebung bombardiert wurden, lehrte uns Bruder Mikhaël die Angst zu überwinden. Bei unseren Treffen zum Beispiel bat er uns immer, weiterzusingen. Nicht weit von unserem Haus entfernt gibt es eine Kanonen-Batterie der Fliegerabwehrtruppe, die jede Nacht schießen, so dass wir ständig mit einem Schreck geweckt werden. Eines Tages erklärt uns Bruder Mikhaël, dass wir, bevor wir einschlafen, den Gedanken in uns aufnehmen müssen, irgendwann in der Nacht durch Bombardierungen geweckt zu werden. Auf diese Weise können wir die Angst besser überwinden und werden das, was unweigerlich ein Schock für das

Nervensystem ist, weniger schmerzhaft wahrnehmen. Er sagt uns, dass wir immer den bewussten Willen einschalten müssen, sonst besteht die Gefahr, dass wir uns in der Panik zu Reaktionen hinreißen lassen, die gefährlicher sind als die Gefahr selbst.

Jahr 1945

22. März 1945

Die Sonnenaufgänge und die Versammlungen werden zur Freude aller wieder normal aufgenommen. Diesmal gibt es für die Versammlungen keine anderen Einschränkungen als nur die Größe des Saales. Etwa fünfzig oder mehr Brüder und Schwestern nehmen daran teil. Unter ihnen sind viele, die die Lehre erst vor kurzem kennengelernt haben. Doch welch eine intensive, lebendige Atmosphäre hier entsteht! Alle zeigen eine solche Begeisterung! Es ist zu spüren, dass die Bruderschaft wirklich dabei ist, in den Seelen geboren zu werden.

Von dieser Atmosphäre berührt, bat Bruder Mikhaël die unsichtbare Welt, ihm ein Zeichen zu geben, das bestätigen würde, dass sich die Brüder und Schwestern wirklich für das neue Leben öffnen. In der folgenden Nacht fällt eine Menge Schnee. Als es am nächsten Morgen hell wird, sieht die Landschaft aus wie im Dezember, und trotzdem sind alle wieder da, um am Sonnenaufgang teilzunehmen. Glücklich erzählt uns Bruder Mikhaël nun von seiner Bitte, die er an den Himmel gerichtet hat. Die Bruderschaft der Seelen wurde also tatsächlich geboren! Viele Besucher aus den Provinzen sind tief bewegt von dem, was sie sehen und hören.

7. Juni 1945

Bruder Mikhaël kündigt der Bruderschaft die Möglichkeit an, ein Stück Land in Vence in der Region Alpes-Maritimes zu kaufen. Er fragt, ob die Brüder und Schwestern einverstanden wären, etwas zu diesem Kauf beizutragen. Die Idee ist, dass diejenigen, die dies wünschen, sich zusammenfinden können, um das ganze Jahr über zusammenzuleben. Jeder wird sein eigenes kleines Haus haben. Einen Teil seiner Zeit wird jeder einen Beruf ausüben, um seinen Lebensunterhalt zu verdienen, und der andere Teil wird künstlerischen und spirituellen Aktivitäten gewidmet sein, so wie in Izgrev in Bulgarien. Die Begeisterung für diesen Vorschlag ist groß. In wenigen Minuten wird mehr als eine Million Francs für diesen Kauf versprochen. Viele Brüder und Schwestern erklären sich bereit, alles zu verlassen, um Bruder Mikhaël zu folgen. Er kündigt an, dass er nach Vence fahren wird, um ein Stück Land zu besichtigen, das dort zum Verkauf steht. Während seiner Abwesenheit gibt sich jeder seinen Träumen hin.

24. Juni 1945

Nach dem Sonnenaufgang erzählt der inzwischen zurückgekehrte Bruder Mikhaël von dem positiven Verlauf seiner Reise. Doch einige Tage später macht der Besitzer des Grundstücks in Vence einen Rückzieher und will das Land nicht mehr verkaufen. Aber die Idee, ein brüderliches Zentrum zu gründen, ist geboren und muss jetzt wachsen. Bruder Mikhaël besichtigt Immobilien im Umkreis von Paris, in der Nähe von Reims und von Orléans. Allerdings ist keiner der besichtigten Orte geeignet.

Die Versammlungen im Freien finden weiterhin jeden Sonntag von sechs Uhr morgens bis sieben Uhr abends statt. Wir machen ein Picknick im Wald oder in Izgrev. Die Brüder und Schwestern wollen dieses brüderliche Leben nicht mehr missen, und es fällt ihnen schwer, sich am Abend loszureißen, um nach Hause zurückzukehren. Alle bilden jetzt eine große Familie, die das Bedürfnis hat, nicht nur geistig, sondern auch physisch verbunden zu bleiben. Die entlegeneren Gruppen auf dem Land spüren auch in der Ferne die Auswirkungen dieser Entwicklung, dank der Besuche, die man sich gegenseitig macht. Die Rückkehr zu einer normaleren Situation im Land ermöglicht es uns nun, Vorträge an alle Gruppen zu versenden.

Ende September/Ende November 1945

Bruder Mikhaël ist in die Schweiz aufgebrochen. Eine Person aus einer Studiengruppe über die menschliche Psyche in Lausanne, die an einem Vortrag von Bruder Mikhaël in Paris teilgenommen hatte, ist nach eigenen Angaben besonders beeindruckt von seiner »innovativen und anregenden Sichtweise über die Botschaft des Evangeliums«. Sie überzeugte Mitglieder ihrer Gruppe, ihn für Vorträge in die Schweiz einzuladen. Er folgt dieser Einladung und wird dabei von einigen französischen Brüdern und Schwestern begleitet. Das Publikum besteht hauptsächlich aus Lehrern, und die Treffen finden in Lausanne in den Räumlichkeiten der staatlichen Schule statt.

Bruder Mikhaël spricht auch in Genf und auf dem Mont Pèlerin (oberhalb von Vevey). Viele Menschen kommen, um ihn zu hören, und beschließen, ein brüderliches Zentrum zu schaffen. Bald gibt es dort auch einen Chor. Brüder und Schwestern aus Paris, die ihn nach Lausanne begleitet haben, geben den neuen Teilnehmern Informationen und zeigen ihnen die Atem- und Gymnastikübungen sowie die Paneurhythmie*.

Von nun an sprudelt in Izgrev (Frankreich) eine Quelle brüderlicher Liebe, deren Auswirkungen auch in den ländlichen Regionen zu spüren sind.

Die Suche nach Land im Süden geht weiter, und die Bruderschaft hat sich inzwischen in der Schweiz weiterverbreitet. Die Zukunft steht für sie nun weit offen.

Die Notizen von Schwester Stella enden hier.

---

* In dieser Zeit reist Bruder Mikhaël auch in die deutschsprachige Schweiz. Weil er nicht Deutsch spricht, hält er dort keine Vorträge, aber auf die Empfehlung einiger Freunde besucht er eine Hellseherin in Zürich. Die Geschichte dieses Treffens ist im Autobiographie-Band Nr. 1, Kapitel 1 beschrieben (derzeit noch nicht in Deutsch erschienen).

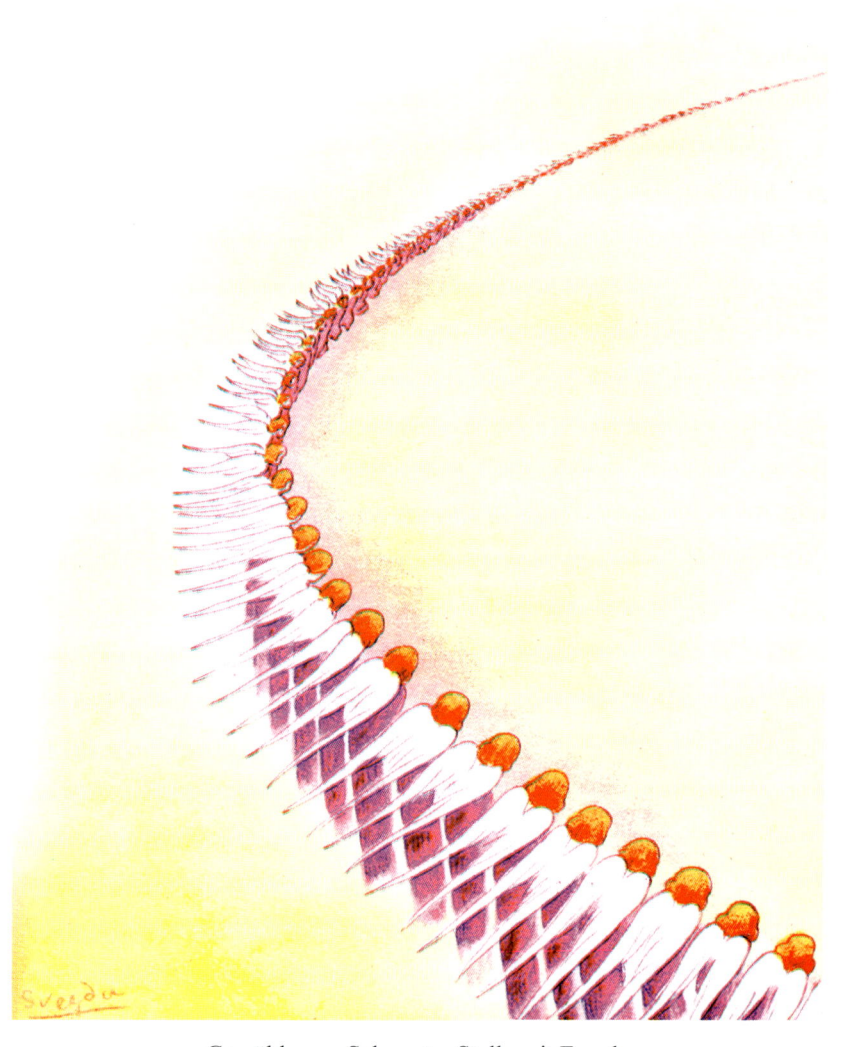

Gemälde von Schwester Stella mit Engeln

Es folgt ein Brief, den Bruder Mikhaël einige Jahre später, am 12. Februar 1950, also fünf Tage nach seiner Entlassung aus dem Gefängnis, an Schwester Stella geschrieben hat.

Meine lieben Brüder und Schwestern,

der Fluss, der vor den Augen aller floss, war gezwungen, durch unterirdische Schichten zu fließen, um andere Regionen zu befruchten und die tiefen Mysterien der menschlichen Natur kennenzulernen, wo die Hölle singt und auf all ihren Registern spielt.
Aber nichts kann diesen Fluss aufhalten. Er wird wieder an die Oberfläche der Erde zurückkehren, seinen Weg fortsetzen, Pflanzen mit Wasser versorgen und den Durst der Vögel und Menschen stillen.
Die Geduld ist die größte aller Tugenden; lasst sie uns weiterhin behalten. Die Zukunft gehört denen, die wissen, wie man arbeitet, denen, die warten können und die einen unerschütterlichen Glauben haben, egal was passiert.
Euer Bruder Mikhaël ist wahrhaftig und treu. Er hat euch nie verlassen, und er wird euch nie aufgeben. Er ließ euch auf der physischen Ebene allein, um zu begreifen, dass seine große Naivität und sein überströmendes Vertrauen maßvoller werden mussten, indem er durch Regionen geht, die ihn tausende Male an Erfahrung bereichert haben.
Bruder Mikhaël hat in den Tiefen der Ozeane, in die er wie ein Taucher hinabstieg, Perlen gesammelt. Er entdeckte Schätze, die dort von versunkenen Frachtschiffen seit Jahrtausenden hinterlassen wurden. Er barg sie und entdeckte das Geheimnis, wie dieser ganze Ozean des Hasses, der Eifersucht und des Unverständnisses in zahlreiche nahrhafte, köstliche, leuchtende und beruhigende chemische Substanzen verwandelt werden kann.

Geduld! Geduld!

Die Geduld ist die größte Tugend. Wer zu warten und zu arbeiten weiß, bekommt alles. Angesichts der knappen Zeit und der Stapel an Dokumenten, Zeitungen, Briefen von allen Seiten, die ich anschauen muss, um zu wissen, was während meiner Abwesenheit um mich herum passierte, bin ich gezwungen, zu arbeiten und Schlussfolgerungen zu ziehen. Glaubt mir, das ist extrem wichtig, und ich muss noch eine Weile hierbleiben, ohne mich vorerst zu zeigen.

Ich beauftrage unsere liebe Schwester Stella, meine Interpretin für euch zu sein, so wie sie bisher stets eine gute Interpretin war. Möge sie euch meine unerschütterliche Freundschaft vermitteln und auch meinen Stolz darüber, euch beständig, stark, verbessert und aktiv für den Triumph der göttlichen Sache zu wissen. Ich weiß und fühle, dass es in eurem Bewusstsein große Veränderungen gibt, dass ihr immer klarer seht und dass eure Teilnahme am Aufbau des Neuen, das in der subtilen und ätherischen Region des Planeten stattfindet, diesem neue Elemente hinzufügt, damit das Schicksal der ganzen Welt verbessert wird.

Seit Jahrtausenden befinden sich die beiden Prinzipien, das weiße und das schwarze, in einem Kampf. Das negative Prinzip hatte in der Vergangenheit die Oberhand und konnte sich in allen Bereichen, in der Religion, der Wissenschaft, der Politik, in dieser oder jener Form etablieren. Das schwarze Prinzip hatte seine Vertreter, seine Minister, seine Agenten. Das Schicksal der Welt ist bedauerlich und wird es noch bleiben. Doch auch das weiße Prinzip hat seine Diener, die sich nie mit dieser Ordnung der Dinge in Einklang bringen konnten, welche den Planeten ins Wanken bringen und ihn zerstören will.
Jetzt erscheint das weiße Prinzip in allen Bereichen und in allen Regionen in vielfältigen Formen und Aktivitäten. Das Schicksal der Welt wird anders sein und das hängt von uns allen ab.

Das Wichtigste für den Schüler ist, jeden Tag seinen bewussten Teil zum Erfolg der göttlichen Sache beizutragen. Je mehr Menschen für die Universelle Weiße Bruderschaft stimmen, desto eher wird sich das Reich Gottes auf Erden niederlassen, und das Leben wird eine andere Farbe annehmen. Wie schön und glorreich ist es, für eine so erhabene, grandiose Sache zu arbeiten! Nichts im Leben ist vergleichbar mit dem festen Willen, der vollständigen Überzeugung, genau dieser göttlichen Sache zu dienen. Wenn wir uns in diesem Zustand befinden, werden die weißen Kräfte ihre Heimat, ihren Ausdruck und ihre Manifestation in uns finden.

Das unfehlbare Kriterium wird sein, dass wir diese Kräfte im Inneren fühlen und in ihrem Licht baden werden. Wir werden eine neue Schönheit und einen fast greifbaren Frieden wahrnehmen.
Die Geduld ist eine große Tugend. Derjenige, der weiß, wie man sich geduldet und arbeitet, der bekommt alles.
Ich danke euch von ganzem Herzen für die Unterstützung, die ich von meinen Brüdern und Schwestern erfahren habe, für ihre Zeugnisse, ihre materiellen Ausgaben, für die geleisteten Anstrengungen und für die aufgewendete Zeit. Ich kann hier nur eines sagen: Es wird niemanden geben, der es nicht hundertfach zurückerhalten wird, sogar auf der materiellen Ebene.

»Die Sonne der Liebe geht bereits auf über der Welt. Sie verbreitet ihr Licht überallhin und verteilt ihre Wärme«, so sagt es uns das kleine Lied.[10]

»Wir sind die Sonnenstrahlen und bringen das neue Leben!«

Euer Bruder Mikhaël

Anmerkungen

1. Der Vortrag erschien im Band 1 der Buchreihe Gesamtwerke »Das geistige Erwachen« in Kapitel 1 »Geboren aus Wasser und Geist«.
2. Siehe »Afin de devenir un livre vivant. Éléments d'autobiographie«, Kapitel 9, derzeit noch nicht im Deutschen erschienen.
3. Diese Vorträge erschienen im Band 1 der Buchreihe Gesamtwerke: »Das geistige Erwachen«.
4. Es wurden Liederbücher verteilt, um das gemeinsame Singen zu erleichtern. Heutzutage sind die Lieder vierstimmig gesungen erhältlich auf der CD Nr. 1510 »Chants de la Fraternité Blanche Universelle«, die im Prosveta Verlag erhältlich ist.
5. Die »spirituelle Galvanoplastik« beschreibt die Auswirkungen von Prägungen, die ein Kind während der Schwangerschaft erhält, und die wesentlichen Aufgaben einer Mutter, wenn sie ihrem Kind während der Schwangerschaft helfen will, sich körperlich, seelisch und geistig gut zu entwickeln. Siehe Band 2 der Buchreihe Gesamtwerke »Die spirituelle Alchimie«, Kapitel 9 »Die spirituelle Alchimie«, Taschenbuchreihe Band 203 »Die Erziehung beginnt vor der Geburt«, Band 214 »Liebe, Zeugung und Schwangerschaft« und Broschüre Nr. 318 »Die wesentliche Aufgabe der Mutter während der Schwangerschaft«.
6. Siehe Band 3 der Buchreihe Gesamtwerke »Die beiden Bäume im Paradies«, Kapitel 2 »Die beiden ersten Gebote«, Kapitel 3 »Was das menschliche Gesicht offenbart« und Kapitel 4 »Die magische Kraft der Gesten und des Blickes«.
7. Siehe Band 13 der Buchreihe Gesamtwerke »Die Neue Erde«, Kapitel 2 »Zum Tagesablauf«.
8. Siehe Band 3 der Buchreihe Gesamtwerke »Die beiden Bäume im Paradies«, Kapitel 5 »Schreitet voran, während ihr das Licht habt!« und Band 241 der Taschenbuchreihe Izvor »Dem Licht entgegen«.
9. Die Paneurhythmie ist ein spiritueller Tanz, der von Peter Danov geschaffen wurde. Siehe dazu das Buch »Die Paneurhythmie von Peter Deunov nach der Lehre von Omraam Mikhaël Aïvanhov« von Muriel Urech und die CD Nr. 1502 »La Paneurythmie«, beides im Prosveta Verlag erschienen.
10. Bruder Mikhaël bezieht sich hier auf das Lied »Slanceto na liubovta«. Der deutsche Liedtext ist: »Die Sonne der Liebe geht bereits auf über der Welt. Sie verbreitet ihr Licht überallhin und verteilt ihre Wärme. Wir sind die Sonnenstrahlen und bringen das neue Leben«.

André Jahan
(1902 - 1973)

Bruder André Jahan wurde in der Bruderschaft gewöhnlich »Bruder Jean« genannt. Er war Mechaniker und ehemaliger Autorennfahrer und kam am 29. Januar 1938 zum ersten öffentlichen Vortrag von Bruder Mikhaël. Noch am selben Abend bot er diesem von Herzen seine Dienste an. Ursprünglich aus Paris stammend, hatten er und seine Frau Raymonde einige Hektar Land in der Nähe von Fréjus (Côte d'Azur) erworben, auf dem, um einen alten, von Brombeersträuchern umwucherten Schafstall, einige Feigen- und Olivenbäume sowie ein paar Weinreben wuchsen. Dieses, dem Meister zur Verfügung gestellte Land, wurde zur »Domaine du Bonfin«. Seitdem finden dort während mehrerer Monate im Jahr die internationalen Kongresse der Universellen Weißen Bruderschaft statt.

Die Vorsehung hat mich zu einem sehr privilegierten Menschen gemacht. Ich traf den Meister, kurz nachdem er in Frankreich angekommen war, und hatte die Gelegenheit, sehr oft in seiner Nähe zu sein. Ich stellte mich ihm mit meinem Auto als Fahrer zur Verfügung (wie viele unvergessliche Ausflüge durfte ich erleben!) und wurde Zeuge von außergewöhnlichen Ereignissen. Dabei konnte ich auch beobachten, wie er in verschiedenen Situationen handelte, und ich machte mir manchmal Notizen. Er war ein Vorbild für mich, und von der ersten Begegnung an hatte ich nur einen Wunsch: ihm zu dienen und ihm ähnlich zu werden.

Möge er hier durch die Augen meiner Seele einen Strahl reinen Goldes empfangen!

»Bei Pythagoras«

Im Januar 1938 beschlossen meine Frau Raymonde und ich, nach einem Ausflug ins Pariser Stadtviertel Latin, im vegetarischen Restaurant »À Pythagore« (»Bei Pythagoras«) zu Abend zu essen. Wir fühlten uns vom Namen dieses großen Weisen aus der Vergangenheit angezogen, der – vor allem durch den »Goldenen Schnitt« und seine »Goldenen Verse« – in die Geschichte einging. Es war das erste vegetarische Restaurant in Paris.

Wir hatten uns an ein Fenster mit Blick auf die Straße gesetzt, um die Passanten beobachten zu können. Da betrat eine etwa vierzigjährige Frau stürmisch das Restaurant. Sie kam direkt auf uns zu, grüßte uns, schüttelte uns die Hand und sagte: »Guten Abend, liebe Freunde.« Ich antwortete: »Madame, Sie sind charmant, aber entschuldigen Sie bitte, ich kenne Sie nicht...« Ohne sich von mir durcheinanderbringen zu lassen, entgegnete sie: »Ich finde Sie beide so sympathisch, dass ich Sie um Erlaubnis bitten möchte, mich zu Ihnen setzen zu dürfen, um mit Ihnen zu Abend zu essen. Ich hatte einen anstrengenden Tag und bin sehr hungrig!« Wir konnten sie nicht zurückweisen. Also kamen wir ins Gespräch, und es ging um Ernährung, die Wahl der Nahrungsmittel, ihren Einfluss und ihre Verwertbarkeit. Schlussendlich untersuchten wir die Frage auch aus philosophischer und spiritueller Sicht. Mitten im Gespräch sagte sie plötzlich: »Da fällt mir gerade ein: Ich kenne einen bulgarischen Meister, der gerade in Paris angekommen ist. Nächsten Samstag hält er seinen ersten Vortrag am Place de la Sorbonne. Wollen Sie nicht auch dazukommen? Ich lade Sie ein…« Meine Frau und ich nahmen diese Einladung sofort an, denn wir hatten schon so eine Vorahnung, dass sich für uns ein neues Fenster in eine andere Dimension öffnen würde.

Der Name dieser Dame war Madame B. Wie hatte sie der Himmel nur genau in diesem Augenblick auf unseren Weg gebracht? Ist dies geschehen, weil ich mir bei einem Gelübde, das ich abgelegt hatte, eine »Probezeit« von sieben Jahren auferlegt hatte, die nun zu Ende ging? Das Gelübde gab ich, um von einem Leiden befreit zu werden, das die Ärzte als unheilbar betrachteten.

Begegnung mit Bruder Mikhaël

Dieser Gedanke beschäftigte mich noch, als Madame B. uns am vereinbarten Tag zu Bruder Mikhaël führte, um uns ihm vorzustellen.

Beim Ankommen erblickte ich ihn am Ende des langen Ganges, der zum Vortragssaal führte. Ihn umgab eine Aura von einem solchen Licht, dass mir sofort klar wurde, dass er der Meister war, auf den ich gewartet hatte. Wir erkannten einander, als sich unsere Blicke begegneten, während wir uns die Hände reichten. In diesen wenigen Augenblicken, deren Einzelheiten und unsichtbare Begebenheiten nicht beschrieben werden können, prägten sich neue Empfindungen in meine Seele ein und ließen still, unmerklich und fein die folgenden, unvergesslichen Sätze aus meinem Herzen entspringen, die dort in goldenen Buchstaben noch heute geschrieben stehen:

Wie ein reiner Kristall
In dem sich die Sonne spiegelt,
Erweckte sein leuchtender Blick
In meiner Seele
Die strahlende Erinnerung
An die Herrlichkeit des Himmels.

Der Vortrag, den er an diesem Abend des 29. Januar 1938 hielt, trug den Titel »Die zweite Geburt« und war eine Antwort auf die edelsten Wünsche meiner Seele. Ich befand mich in einem Zustand großer Empfänglichkeit. Während Bruder Mikhaël sprach, stiegen farbige Bilder in meinem Bewusstsein auf. Diese Bilder beeindruckten mich so stark, dass ich Madame B. und einige andere Zuhörer nach der Versammlung darüber befragte, um herauszufinden, was sie empfunden hatten. Ihr Eindruck entsprach genau dem meinigen. Damals hatte Bruder Mikhaël noch ein sehr begrenztes französisches Vokabular, und das war einer der Gründe, warum seine innersten Gedanken kraftvolle Bilder erschufen, die uns durchdrangen, schon bevor sein lebendiges Wort die Luft zum Schwingen brachte. Wir fühlten uns von einer geistigen Essenz durchdrungen, die, wie ein Duft von Weihrauch oder Rose, seiner Seele entströmte.

Wenn ich mich an all die unvergesslichen Eindrücke, Empfindungen und Reaktionen erinnere, die ich bei dieser ersten Begegnung erlebte, werde ich sofort in die gesegneten und leuchtenden Regionen versetzt, in denen wir endlich das wahre Leben leben. Es sind Momente des ewigen Lebens. In mir war eine derartige Verwandlung geschehen, dass ich nach dem Vortrag zu Bruder Mikhaël ging und zu ihm sagte: »Ich habe gespürt und verstanden, wer Sie sind. Ich stelle mich Ihnen mit meinem Auto zur Verfügung, wann immer Sie dies für Ihre Reisen brauchen.« Von Anfang an akzeptierte er meinen Vorschlag.
In der folgenden Nacht, als meine Seele noch ganz erfüllt von all diesen Ereignissen war, hatte ich einen ganz außerordentlichen Traum. Dieser Traum war für mich wie ein Schlüssel, der mir eine Tür in andere Dimensionen öffnete.

Ich fühlte mich in einen riesigen Park in der Nähe eines Ozeans versetzt. Nichts hier unten auf der Erde ist mit der leuchtenden Herrlichkeit dieses Parks vergleichbar. Eine orangerote Sonne war gerade am Horizont erschienen, als ob sie dem Meer entstiegen wäre, dessen unvergleichliches Blau mit dem Himmel verschmolz. Ein subtiler Duft entströmte den harmonisch angeordneten, wunderbar farbigen Blumenbeeten. In einer breiten, symmetrisch mit weißen Steinen gepflasterten Allee, sah ich ätherische Wesen, die mit feenhaften Fingern und unendlicher Sorgfalt Blütenblätter webten. Selbst mit den feinsten Arbeiten unserer Welt verglichen, erschien dieses Weben eher wie eine immer wiederkehrende, zärtliche Liebkosung. Diese Wesen, wahrscheinlich Naturgeister, bewegten sich in die Bäume und Felsen hinein, kamen wieder heraus und durchdrangen auch mich mit köstlicher Süße. Ich selbst war federleicht, und anstatt die weißen Steine, die weich wie ein dicker Teppich waren, zu betreten, streifte ich sie nur sanft, während ich auf einen Berg zu meiner Rechten zusteuerte. Zeit, Raum, Gewicht und Maß hatten hier eine andere Dimension angenommen. Und doch war ich nicht überrascht, denn alles schien zu einer harmonischen Einheit zu verschmelzen.

Ich hielt einen Moment inne, um diese Landschaft in mich aufzunehmen. Ganz sachte erschienen nun andere, größere Wesen, die noch schöner und von noch feinerer Essenz waren und von denen jedes eine Farbe des Regenbogens hatte. Nachdem sie mich angelächelt und mir einen unvergesslichen Blick zugeworfen hatten, bewegten sie sich auseinander, bildeten einen Kreis, und begannen zum Himmel aufblickend zu singen »Mikhaël... Mikhaël... Mikhaël...« Dieses Lied erschallte lange Zeit. Nach ihm folgte eine Stille unaussprechlicher Art und Tiefe. Da wurde mir klar, dass ich nun Zeuge eines Ereignisses von höchster Bedeutung werden würde. Es erschien ein Wesen, leuchtend, funkelnd, majestätisch, und alle Zellen meines Seins vibrierten intensiv und voller Respekt. Das Strahlen des Wesens ließ die Farben der sieben Engel verblassen, die es sofort umringten und sich sogleich verneigten.

Er war es, Mikhaël… Sein Blick, sein Lächeln, sein Leuchten, seine Anmut, seine harmonischen, rhythmischen Gesten verliehen ihm eine solche Größe… und ich sah mich daneben ganz klein! Ich spürte den Gedanken, der wie Musik aus seiner Seele aufstieg, als er mich zu sich rief, damit ich den Berg erklimme: »Komm, mein Sohn, nimm meine Hand, lass uns zum Gipfel aufsteigen. Von dort aus werden wir andere Universen, andere Konstellationen entdecken, deren Schönheit man sich nicht vorstellen kann.« Ich wurde erhoben, dann wurde ich eingetaucht in diese Unermesslichkeit, von der ich ein lebendiger Teil war.

Dieser wunderbare Traum offenbarte mir Mikhaëls Mission, wie es übrigens der esoterische Denker Rudolph Steiner so gut vorhergesagt hatte. In einem Vortrag am Goetheanum in der Schweiz sagte er 1924:

»Menschen, die im vorangehenden Erdenleben in inspiriertem Gedankenwesen gestanden haben, also Michael-Diener waren, fühlten sich am Ende des neunzehnten Jahrhunderts wieder ins Erdenleben gekommen, zu solcher freiwilligen Michaelgemeinschaft gedrängt. Sie betrachteten ihren alten Gedankeninspirator nunmehr als den Wegweiser im höheren Gedankenwesen. Wer auf solche Dinge zu achten versteht, der konnte wissen, welch ein Umschwung im letzten Drittel des neunzehnten Jahrhunderts sich mit Bezug auf das Gedankenleben der Menschen vollzogen hat. Vorher konnte der Mensch nur fühlen, wie aus seinem Wesen heraus die Gedanken sich formten; von dem angedeuteten Zeitabschnitt an kann er sich über sein Wesen erheben; er kann den Sinn ins Geistige lenken; da tritt ihm Michael entgegen, und der erweist sich als altverwandt mit allem Gedankenweben. Der befreit die Gedanken aus dem Bereich des Kopfes; er macht ihnen den Weg zum Herzen frei; er löst die Begeisterung aus dem Gemüte los, so dass der Mensch in seelischer Hingabe leben kann an alles, was sich im Gedankenlicht erfahren lässt. Das Michael-Zeitalter ist angebrochen. Die Herzen beginnen, Gedanken zu haben; die Begeisterung entströmt nicht mehr bloß

mystischem Dunkel, sondern gedankengetragener Seelenklarheit. Dies verstehen, heißt, Michael in sein Gemüt aufnehmen. Gedanken, die heute nach dem Erfassen des Geistigen trachten, müssen Herzen entstammen, die für Michael als den feurigen Gedankenfürsten des Weltalls schlagen.« *

Dies zeigt, wie Rudolph Steiner, Gründer der Anthroposophie, der auch ein großer Hellseher war, bereits den Boden für Michaels nächstes Kommen bereitet hat. Er hatte die Kabbala studiert, und als er von Michael sprach, meinte er den Erzengel Michael, der die von der Sonne beherrschte Sephira Tiphereth regiert. Der heilige Michael ist aber auch der Erzengel, der über Frankreich wacht. Wie könnten wir die Beziehung übersehen, die zwischen diesem sonnenhaften Engel und Meister Mikhaël besteht, der 1937 von Meister Peter Danov nach Frankreich gesandt wurde, um die neue Kultur, eine Sonnenkultur, zu bringen?

In seinem Vortrag von 1924 sagte Steiner noch:

»Mehr imaginativ gesprochen, kann dies so ausgedrückt werden: Das Sonnenhafte, das der Mensch durch lange Zeiten nur aus dem Kosmos in sich aufnahm, wird im Innern der Seele leuchtend werden. Der Mensch wird von einer »inneren Sonne« sprechen lernen. Er wird sich deshalb in seinem Leben zwischen Geburt und Tod nicht weniger als Erdenwesen wissen; aber er wird das auf der Erde wandelnde eigene Wesen als sonnengeführt erkennen. Er wird als Wahrheit empfinden lernen, dass ihn im Innern eine Wesenheit in ein Licht stellt, das zwar auf das Erdendasein leuchtet, aber nicht in diesem entzündet wird. Im Anbruche des Michael-Zeitalters mag es noch scheinen, als ob dies alles der Menschheit recht ferne liegen könne; doch es ist »im Geiste« nahe; es muss nur »gesehen« werden. Von dieser Tatsache, dass die Ideen des Menschen nicht nur »denkend« bleiben, sondern im Denken »sehend« werden, hängt unermesslich viel ab.«

»... man kann den »Fall« in den Materialismus nur allein beachten, und dann über ihn traurig sein. Aber während das Anschauen dieses Zeitalters sich auf die äußere physische Welt beschränken musste, entfaltete sich im Innern der Seele eine gereinigte, in sich selbst bestehende Geistigkeit des Menschen als Erleben. Diese Geistigkeit muss nun im Michael-Zeitalter nicht mehr unbewusstes Erleben bleiben, sondern sich ihrer Eigenart bewusstwerden. Das bedeutet den Eintritt der Michael-Wesenheit in die menschliche Seele. Der Mensch hat eine gewisse Zeit hindurch das eigene Geistige mit dem Materiellen der Natur erfüllt; er soll es wieder mit ureigener Geistigkeit als kosmischen Inhalt erfüllen.« *

Was ist ein Eingeweihter?

Ich hatte viele Dinge über die Eingeweihten sagen hören, und eines Tages, als ich dem Meister eine Frage zu diesem Thema stellte, antwortete er mir: »Machen Sie sich keine Illusionen. Auf der Erde werden Sie keine vollkommene Kreatur finden. Wie hochstehend sein Geist auch sein mag, sobald sich ein Mensch auf der Erde inkarniert, bekommt er ein mehr oder weniger fehlerhaftes Erbe, an dem er arbeiten muss. Seine anderen Qualitäten und Tugenden helfen ihm bei dieser Arbeit, und er wird dann noch erhabener, weil es ihm gelungen ist, eine grobe Materie in eine verfeinerte Materie zu verwandeln, derer er sich für die Fortsetzung seiner Aufgabe bedient.«

Bei seiner Ankunft in Frankreich zeigte sich unser Meister überall mit großer Einfachheit und Bescheidenheit. Er war nur »Bruder Mikhaël«, der kam, um die Lehre seines spirituellen Meisters bekannt zu machen. Bei Einladungen in bestimmte esoterische Kreise hörte er lediglich zu und enthüllte nie den Umfang seines Wissens. Er ließ Astrologen, Kabbalisten, Alchemisten sprechen und lauschte ihnen

---

* Aus: Rudolf Steiner, Anthroposophische Leitsätze Nr. 79-84, Gesamtausgabe GA26, Kapitel »Im Anbruch des Michael-Zeitalters« und »Die menschliche Seelenverfassung vor dem Anbruch des Michael-Zeitalters«.

aufmerksam. Als er dann anfing, selbst öffentliche Vorträge zu halten, waren viele überrascht von all dem, was er enthüllte. Es war nicht nur tiefgründig und wahr, sondern auch so neu und originell! Sie hatten noch nie auf diese Weise jemanden über den Menschen, seine Anatomie, seine Physiologie und seine Psychologie sprechen gehört. Die Art und Weise, wie er die Astrologie und die Alchemie verstand, war für sie ebenfalls neu, ebenso seine Interpretationen der Evangelien. Einer von ihnen, der zu seinen Vorträgen kam, unterschrieb einmal seinen Brief mit den Worten: »Ihr unzulänglicher Schüler«!

Wer hatte den Meister gelehrt, sich so zu offenbaren? Es lohnt sich, darüber nachzudenken. In einem Vortrag sagte er eines Tages: »Weil sie esoterische Bücher lesen und bestimmte Rituale ausführen, präsentieren sich Männer und Frauen überall als Eingeweihte, indem sie noch betonen, dass sie den siebten, achten oder neunten Grad der Einweihung erreicht haben. Die Armen! Anscheinend hat ihnen keines ihrer Bücher enthüllt, dass ein wahrer Eingeweihter sich hüten würde, solche Erklärungen abzugeben. Der wahre Eingeweihte bleibt geheim, verborgen, im Schatten, so wie der Eremit, der alte Weise auf der neunten Tarot-Karte.

Neunte Tarot-Karte

(aus »Tarot des imagiers du Moyen Âge« von Oswald Wirth)

Dieser alte Mann ist in einen langen Mantel gehüllt und wandert durch die Nacht. Er trägt einen Stock in seiner linken Hand, die Lampe, die er in seiner Rechten hält, verbirgt er in den Falten seines Gewandes. Das Gewand, das er trägt, ist die Klugheit, der Stab ist der Wille und die Lampe die Weisheit. Dies ist das Bild des Eingeweihten. Sein Verhalten – und das, was von ihm ausgeht – wird nur sensible, intuitive Menschen berühren, die bereit sind, ihn zu verstehen. Und das genügt.

Bei einer anderen Gelegenheit sagte mir Bruder Mikhaël: »So, wie die Bedingungen des irdischen Lebens sind, ist es für einen Menschen praktisch unmöglich, immer bei guter Gesundheit zu bleiben, auch wenn er ein einwandfreies Leben führt... Auch ein Eingeweihter, ein spiritueller Meister kann krank werden. Aber das Übel, das seinen physischen Körper betrifft, betrachtet er auch als ein inneres Problem, das gelöst werden muss, und er macht sich an die Arbeit: Er verbindet sich mit dem Licht und strebt durch seine Gedanken danach, starke Ströme in Bewegung zu setzen, die alles in ihm – sowohl in seinem physischen Körper als auch in seinen psychischen Körpern – reinigen und harmonisieren werden. Wenn er dann endlich den Sieg über die Krankheit erringt, dankt er dem Himmel, dass er ihm Bedingungen gegeben hat, die es ihm erlaubten, neue Fähigkeiten zu wecken und neue Reichtümer zu entdecken.«

Die wahre Alchemie

Auch wenn eine Reihe von Menschen Bruder Mikhaël schnell als wahren spirituellen Meister erkannte, gab es offen gesagt auch andere, die sich feindselig verhielten und bemüht waren, ihn mit allen Mitteln zu zerstören. Wie hat er sich dagegen gewehrt? Indem er die Methoden einsetzte, die er »spirituelle Alchemie« nennt. Wie oft, als ich mich über all diese verleumderischen Angriffe und Anschuldigungen empörte, die ihn am Ende ins Gefängnis brachten, sagte er zu mir: »Kommen Sie, Bruder Jean, freuen Sie sich, dass ich Feinde habe! Die sorgen dafür, dass ich nicht einschlafe! Dank ihnen mache ich Fortschritte, sie sind getarnte Freunde, die mich zwingen, voranzukommen.« All diese Kritiken und Verleumdungen verglich er mit Steinen, die man in seinen Garten warf und die er in Gold verwandeln musste: In Edelsteine, die er anschließend mit einem Lächeln verteilte, was ich bezeugen kann. Niemals versuchte er, sich an seinen Feinden zu rächen, und nie benutzte er die Kräfte, die er besaß, um ihnen zu schaden. Im Gegenteil, er dachte nur daran, ihnen zu helfen.

Einige Anekdoten

Im Auto

Oft, wenn ich den Meister im Auto mitnahm, fuhr ich sehr schnell. Es war ihm nicht unangenehm, und ich, der ich etwa fünfzig Medaillen bei Autorennen gewonnen hatte, war stolz darauf, dass er mein Talent schätzte. Er hatte keine Angst, und ich hupte fast nie, weil ich außergewöhnliche Reflexe besaß (ich scheue mich nicht, dies zu sagen). Aber was wäre passiert, wenn er in bestimmten Situationen, in denen ich mit überhöhter Geschwindigkeit dahinraste* nicht dabei gewesen wäre, um mir zu sagen: »Bremsen Sie, Bruder Jean, bremsen Sie!« So kam es mehrmals vor, dass ich bremste, bevor eine Schafherde auftauchte, die ich wegen der Kurven oder der Geländeform nicht hätte sehen können. Manchmal sagte er plötzlich: »Hupen Sie, hupen Sie!« Dadurch warnten wir ein Auto, das auf engen Bergstraßen mit hoher Geschwindigkeit auf uns zukam. Wie viele Katastrophen wurden so vermieden!
* Damals gab es viel weniger Autos auf den Straßen, und – anders als heute – waren Geschwindigkeitsbegrenzungen noch kein Thema.

Ein Epileptiker in Nizza

1939 war ein sehr heißer Sommer, und im Juli gingen der Meister und ich einmal in Nizza auf der »Promenade des Anglais« spazieren. Als wir am »Place Albert 1er« ankamen, erblickten wir eine

Menschenansammlung und näherten uns, um zu sehen, was los war. Ein Mann lag heftig zuckend auf dem Boden, und es war offensichtlich, dass es sich um einen epileptischen Anfall handelte. Ich wollte schon intervenieren, als der Meister, der meinen Gedanken spürte, zu mir sagte: »Was wollen Sie tun, Bruder Jean? Sie müssen warten, bevor Sie ihn berühren. Wir werden zuerst mit seiner Seele Kontakt aufnehmen, um besser auf ihn einwirken zu können. Wir konzentrieren uns und beten, während wir ihm blaue Farbe schicken, die ihm Gleichgewicht und Harmonie zurückbringen wird.« Das taten wir, und das Ergebnis stellte sich fast sofort ein. Der Mann zuckte noch ein paar Mal, dann beruhigte er sich. Er kam wieder ganz zu sich, stand auf, drehte sich instinktiv zu uns und sagte mit einem Lächeln: »Merci.«

Die Polizei war informiert worden, ein Fahrzeug kam, und die Polizisten brachten ihn sehr freundlich ins Krankenhaus.
Damals erklärte mir der Meister, was man tun muss, um in dieser Art von Unternehmung erfolgreich zu sein:

- sich mit dem Licht verbinden,
- mit diesem Licht bewusst in die Seele des Patienten eindringen,
- auf die Antwort warten, die uns innerlich sagt, was wir tun sollen.

Niemals überstürzt handeln. Viele Unglücke kommen durch überstürztes Handeln.
Er sagte: »Ich spreche hier zu Ihnen über eine Welt, die von anderen Gesetzen regiert wird.«

Die Waldbrände

Es ist bekannt, dass im Sommer an der Côte d'Azur häufig Waldbrände auftreten. Ich war mehrmals Zeuge, wie diese Brände, vor allem bei starkem Mistral-Wind, auch den Bonfin bedrohten, der sich direkt am Waldrand befindet. In solchen Momenten zog sich der Meister zurück, um eine Arbeit auszuführen, und kurze Zeit später fiel ein starker Regen, der das Feuer löschte. Oft stand am nächsten Tag in der Zeitung, die Feuerwehrleute hätten den Brand gelöscht, ohne zu erwähnen, dass der Regen dies bewirkt hatte! Dabei kann man sich die Frage stellen, wie es überhaupt zu diesem Regen kam, denn normalerweise regnet es bei solch starkem Wind nicht, weil er die Wolken vertreibt…

Ein Angriff auf der Straße

Hier noch eine erstaunliche Tatsache, die sich in Paris ereignet hat: Eine der Schwestern unserer Bruderschaft, die dem Meister mit viel Respekt und Liebe verbunden war, kehrte eines Abends aus Izgrev zurück, wo sie an einem Vortrag des Meisters teilgenommen hatte. Sie war noch so erfüllt von dem gerade Erlebten gewesen, dass sie nicht bemerkt hatte, wie jemand ihr folgte. Sie wurde angegriffen, plötzlich lag sie auf dem Boden, und der Mann stürzte sich auf sie, um sie auszurauben, zu vergewaltigen oder zu erwürgen (wir werden es nie wissen…). Sie rief mit lauter Stimme den Namen »Omraam Mikhaël«. Sogleich ließ der Mann sie los, wie von einer unsichtbaren Kraft getroffen, und lief weg, so schnell er konnte… Und unsere Schwester stand unversehrt, überrascht und froh wieder auf.

Offene Augen

Wenn unser Meister in eine Stadt kommt, um einen Vortrag zu halten, versuchen die Brüder und Schwestern, diejenigen ihrer Bekannten einzuladen, die für das spirituelle Leben empfänglich sind oder auch Schwierigkeiten in ihrem Leben haben. Oft hilft der Meister, der seine Vorträge immer frei und spontan hält, durch seine Worte diesen Menschen, obwohl er sie weder kennt noch von jemandem etwas erzählt bekommen hat.
So hatten Bruder und Schwester D. eines Tages, als der Meister einen Vortrag in Toulouse hielt, eine Dame aus ihrem Bekanntenkreis

eingeladen, die gerade aus Paris zurückkehrte, wo sie sich mit dem Mann getroffen hatte, der sie heiraten wollte. Sie war sich aber nicht sicher, ob sie seinen Antrag annehmen sollte, denn das Verhalten dieses Mannes entsprach nicht immer ihren Erwartungen. Ohne genau zu wissen warum, hatte sie also die Einladung des Ehepaares angenommen. Erst einige Monate später erzählte sie ihm davon, was sie während des Vortrages erlebt hatte.

Zuerst sah sie den Meister nicht so, wie er aussah, sondern sie erblickte das Gesicht ihres Freundes. Und weil sie dieses Gesicht sah, hörte sie ihm aufmerksam zu. Dann überlagerte sich das Gesicht ihres Freundes mit dem des Meisters. In diesem Augenblick wurde ihr klar, dass das, was sie bei ihrem Freund für Liebe gehalten hatte, in Wirklichkeit nur Berechnung war. Und sie beschloss, ihn zu verlassen. Seitdem empfand diese Dame, die eine Schwester der Bruderschaft geworden ist, dem Meister gegenüber immerzu eine unendliche Dankbarkeit, weil er ihr die Augen geöffnet und dadurch eine unglückliche Ehe verhindert hatte. Die späteren Ereignisse bewiesen ihr, wie wenig vertrauenswürdig dieser Mann war, der sie heiraten wollte.
Aber es kommt auch vor, dass das Gegenteil geschieht: Männer und Frauen entdecken durch die Nähe des Meisters die Qualitäten und Tugenden derjenigen, die sie lieben, weil er ihnen hilft, ihre Gefühle zu vertiefen, sie zu verfeinern, und weil er in ihnen das Bedürfnis nach einer stabilen und vorbildlichen Liebe nährt. Paare, die am Rande einer Trennung standen, konnten sich – dank ihm – oft wieder versöhnen. Der Meister trennt nicht nur niemals die Beziehungen, sondern er bringt sie wieder in Ordnung.

Es war immer erstaunlich, wie der Meister in seinen Vorträgen regel-mäßig und im Detail über das Leben, den Charakter, die Neigungen und Fehler von jemandem aus der Zuhörerschaft sprach, während er ganz allgemein zu sprechen schien, so dass nur die Person selbst merkte, dass es sich um sie handelt! Nach den Vorträgen kamen die Menschen dann oft zu ihm, um ihm zu sagen, wie erstaunt sie waren, dass er Dinge erriet und aufdeckte, die sie zu verbergen und zu verdecken versucht hatten. In diesen Momenten zeigte sich der Meister gewöhnlich erstaunter als die Person selbst, und verhielt sich wie jemand, der nichts sieht und auch nichts innerlich empfängt. Er antwortete, dass nicht er, sondern jemand im unsichtbaren Bereich dafür verantwortlich sei, wenn im Vortrag etwas über ihr Leben gesagt wurde.

Auch wenn bestimmte Personen zu ihm sagten, sie seien dank seiner Hilfe geheilt worden oder hätten einen verlorenen Gegenstand wiedergefunden, nachdem er ihnen im Traum gezeigt habe, wo dieser sich befinde, hörte ich den Meister immer antworten, er sei lediglich wie ein »Betrieb« mit einer großen Anzahl von Mitarbeitern, Wesenheiten und Geschöpfen, die ohne sein Wissen erstaunliche Dinge vollbrächten. Er selbst habe dabei also nicht viel Verdienst, sondern der Betrieb trage eben lediglich den Namen Omraam Mikhaël Aïvanhov.

Die hier beschriebenen Tatsachen, sowie viele weitere, können auch von anderen Brüdern und Schwestern bestätigt werden.

Die Nagelbett-Entzündung

Im Sommer 1958 befand ich mich in Gegenwart Bruder Mikhaëls und eines Bruders, der Arzt war, im Bonfin, als der Makler einer Immobilie in Bagnols-en-Forêt auf uns zukam. Diese zum Verkauf stehende Immobilie hätte uns, seiner Meinung nach, interessieren können. Der Mann hatte einen großen Verband an seiner linken Hand. Auf unsere Nachfrage antwortete er, dass er seit zwei Monaten eine eitrige Nagelbett-Entzündung hätte, die durch keine Behandlung geheilt werden konnte, und dass es jetzt sogar darum ging, den Finger zu amputieren.

Hier das Wesentliche des Gesprächs, das er mit Bruder Mikhaël führte:

- Sie sind verheiratet, nicht wahr, Monsieur?

- Ja.

- Und Sie haben zwei Kinder...

- Ja, einen Jungen und ein Mädchen.

- Aber bevor Sie geheiratet haben, waren Sie mit einem jungen Mädchen zusammen.

- Ja.

- Sie haben ihm die Ehe versprochen, weil es ein Kind von Ihnen erwartete, aber dann haben Sie es verlassen, um Ihre jetzige Frau zu heiraten.

In diesem Moment brach der Mann in Tränen aus, fiel auf die Knie, während er die Hand von Bruder Mikhaël nahm und sie küsste...

- Dieser sagte zu ihm: Stehen Sie auf, Monsieur, und beruhigen Sie sich. Ich will Sie weder verurteilen noch beschuldigen, sondern nur aufklären!

Der Mann stand auf und weinte leise weiter.

- Was soll ich tun?, fragte er.

- Sie müssen den Fehler wiedergutmachen.

- Aber wie?

- Indem Sie diese junge Frau treffen, die nicht heiraten konnte. Auf ihr lastet eine schwere Bürde, denn sie ist krank und ihr Kind auch. Gehen Sie so schnell wie möglich zu ihr, bitten Sie sie von ganzem Herzen um Vergebung, denn sie besitzt den Schlüssel zur Heilung Ihres Fingers. Ihr Besuch und die finanzielle Unterstützung, die Sie ihr auch geben müssen, werden sie und ihr Kind heilen. Gehen Sie schnell, mein Freund, dann werden Sie in ein paar Tagen Ihren Finger wieder gebrauchen können!

- Aber mein Finger ist schon fast abgestorben und soll amputiert werden.

Unser Bruder, der Arzt war, ergriff nun das Wort: »Medizinisch gesehen ist es wahr, man wird ihm diesen Finger amputieren müssen, weil er bereits schlecht riecht.« Doch Bruder Mikhaël antwortete: »Ich weiß, ich weiß. Aber bei demjenigen, der einen Fehler aufrichtig bereut und ihn behebt, sobald er sich darüber wirklich bewusst geworden ist, kann die Seele ungeahnte positive und konstruktive Kräfte entfalten, die ihn heilen werden. Glauben Sie mir, lieber Bruder, und auch Sie, mein Freund.«

Wieder brach der Mann in Tränen aus, nahm beide Hände des Meisters, küsste sie und ging dann weg, um zu tun, was dieser ihm geraten hatte. Einige Zeit später traf ich ihn in Fréjus. Er kam lächelnd auf mich zu und sah glücklich aus, während er zu mir sagte: »Bruder Jean, ich tat, was Ihr Meister mir sagte, und ich bin geheilt. Danke... Danke... Danke...«

Heilung von chronischem Fieber

Während einer langen Zeit war Schwester B. L. ein unlösbarer Fall. Im Alter von zwölf Jahren hatte sie begonnen, Fieberanfälle zu bekommen, die immer häufiger wurden. Ihre Mutter, ein Mitglied unserer Bruderschaft, hatte sie zu verschiedenen Spezialisten gebracht, aber ohne Erfolg. Im Alter von siebzehn Jahren musste sie die Hälfte der Woche liegend zubringen, und die kleinste Bewegung verursachte ihr Schmerzen. Als der Meister davon hörte, teilte er ihrer Mutter eines Tages mit, dass er vom Himmel die Erlaubnis erhalten habe, sie zu behandeln. Und zu der jungen Schwester sagte er: »Der Engel des Wassers wird Sie heilen.« Er hatte ihr ein Bad zubereitet, in dem er einige Pflanzen eingeweicht hatte und empfahl ihr, sie möge so lange wie möglich im diesem Bad bleiben.
Von diesem Moment an wurden die Fieberanfälle der jungen Schwester seltener und verschwanden bald vollständig.
Der Meister lehrt uns, welche Arbeit wir mit den Engeln der vier Elemente Erde, Wasser, Luft und Feuer verrichten können, und er betont besonders die Heilkräfte des Wassers.[1]

Wie ein Eingeweihter seine Fähigkeiten ausübt

Oft war ich über das Verhalten des Meisters verblüfft: Er heilte Menschen, die ihn um nichts baten, während er dem Leiden anderer gegenüber gleichgültig schien, obwohl diese sich gewünscht hätten, dass er etwas für sie tue. Eines Tages habe ich ihn schließlich darüber befragt. Er lächelte, wie meistens bei meinen Fragen, wartete einige Sekunden ab und antwortete dann: »Bruder Jean, Menschen zu heilen oder nicht zu heilen, hängt nicht von mir ab. Ich bin kein Arzt, den die Menschen aufsuchen und den sie dann bezahlen, nachdem er sie untersucht und behandelt hat. Ich weiß auch, dass, wenn sie krank sind, es meistens daran liegt, dass sie sich nicht vernünftig verhalten, sich zu bestimmten Schwächen hinreißen lassen oder ein Karma zu bezahlen haben. Diese Krankheit ist eine Lebensprüfung, der sie sich stellen müssen, weil sie eine Lektion zu lernen haben. Solange sie ihre Lektion nicht gelernt haben, wiederholen die Menschen die gleichen Fehler, selbst wenn man sie heilt. Und da ich mich den Plänen des Himmels, dem ihre Vervollkommnung wichtig ist, nicht entgegenstellen will, frage ich ihn, ob er mir erlaubt, einzuschreiten. Ich kann nur für diejenigen etwas tun, die entschlossen sind, sich zu verbessern, sich zu bemühen und für das Licht, für ein Ideal des Friedens und der Brüderlichkeit zu arbeiten. Da sie dieses Ideal haben, behandle ich sie, und dies immer ohne Bezahlung.«

Ich hatte ihm sehr aufmerksam zugehört und sagte dann zu ihm: »Oh Meister, Sie sind sicherlich der Einzige, der so handelt.« »Vielleicht nicht der Einzige, Bruder Jean, aber leider sind wir nicht viele.« Und traurig sein Haupt neigend fügte er hinzu: »Sie verstehen jetzt, dass ich nach bestimmten Regeln arbeite, welche die meisten Menschen nicht kennen.«
Selbst wenn er die Fähigkeiten dazu hat, gibt es Fälle, in denen ein Meister seinen Schülern die Prüfungen nicht ersparen darf, weil es ihm nicht erlaubt ist, sich der Anwendung des karmischen Gesetzes entgegenzustellen: Er hat dazu kein Recht. Um sich zu befreien, muss jeder für die Übertretungen bezahlen, die er in diesem Leben

oder in seinen früheren Leben begangen hat. Warum hat Jesus nicht versucht, Johannes den Täufer zu retten oder seine Jünger vor dem Martyrium zu bewahren? Er empfand eine große Liebe für sie, und auch in der unsichtbaren Welt besaß er alle Macht über Legionen von Engeln, die ihnen geholfen hätten. Aber für ihr endgültiges Wohl, für ihre endgültige Befreiung, ließ er zu, dass sich das Gesetz erfüllte.

»Erinnere dich an den Namen Mikhaël«

Schwester B. erzählte mir, was sich bei ihr, drei Jahre bevor sie unseren Meister traf, zugetragen hatte. Es geschah bei einem Vortrag im 16. Stadtbezirk von Paris an einem schönen Frühlingssonntag. Der Vortragende an diesem Tag hieß Herr M. und war ein ehemaliger Professor für Physik und Chemie. Er war ein moralisch sehr hochstehender Mann mit einer echten Leidenschaft für Nostradamus. Er hatte, zusammen mit einigen Freunden, alte Manuskripte entdeckt, von denen er beweisen konnte, dass sie von Nostradamus stammten. Herr M. besaß auch recht besondere, mediale Fähigkeiten, denn ganz unerwartet empfing er mitunter Visionen und hörte sogar Stimmen, während monate- oder jahrelang nichts dergleichen geschah.

Schwester B. berichtete mir: »An diesem Tag saß ich in der ersten Reihe neben meiner Mutter. Der Vortrag dauerte etwa eine Stunde, und als er gerade endete, starrte mich Professor M. plötzlich schweigend und auf seltsame Weise an. Es war jene Art von Blick, mit dem man eine Person anschaut, ohne sie zu sehen. Dies dauerte ein paar Sekunden. Angesichts des Publikums, das vermutlich anfing, sich Fragen zu stellen, wurde ich verlegen. Dann verabschiedete sich der Vortragende schließlich mit einer Entschuldigung von seinen Zuhörern. Auch ich stand gerade auf, um zu gehen, als er mich ansprach: ›Mademoiselle, gehen Sie nicht! Seit einiger Zeit befindet sich über Ihnen ein seltsames und intensives Licht, und in diesem Licht steht der Name ›Mikhaël‹ geschrieben. Ich sehe die feinstoffliche Form eines Lichtwesens, das zu Ihnen sagt: ›Merke Dir den Namen Mikhaël, er wird für Dich in der Zukunft eine große Bedeutung haben.‹ Dieser Name wird immer leuchtender, immer größer und erfüllt den ganzen Raum. Das ist außergewöhnlich! Ich habe so etwas noch nie gesehen!‹

Ich war sehr aufgewühlt. Der Vortragende hatte sein Podium verlassen und ich ging aufgeregt auf ihn zu. Um meine Aufregung zu überwinden, scherzte ich:»Mikhaël, das ist aber kein französischer Name! Ist es vielleicht ein Mäzen, der mir helfen wird, in meiner Karriere als Sängerin erfolgreich zu sein (ich machte damals eine Gesangsausbildung) oder ist es mein zukünftiger Romeo (ich war 27 Jahre alt)?« Doch der Vortragende sagte ganz freundlich zu mir: »Scherzen Sie nicht, denn das, was ich gesehen habe, gehört nicht im Geringsten zu dieser Kategorie. Diese Vision kündigt ein Ereignis von höchster spiritueller Art an...« Seine Antwort bestätigte mir eine Empfindung, die ich gehabt hatte, während er sprach.

Zu dieser Zeit arbeitete meine Mutter im Krankenhaus in einem Vorort von Paris, wo sie dann drei Jahre später einer Kollegin begegnete, die zur Bruderschaft gehörte. Diese Kollegin erzählte ihr eines Tages von der spirituellen Lehre, der sie folgte, und meine Mutter kam mit einem Buch zurück, das ihr die Kollegin geliehen hatte. Wie war ich überrascht, als ich auf dem Umschlag des Buches den Namen Mikhaël erblickte! Ich sagte es meiner Mutter, die sich daraufhin auch an die Worte von Herrn M. erinnerte. War das nicht ein Zeichen des Schicksals? Ich beschloss, in Izgrev anzurufen, um einen Termin zu vereinbaren. Schließlich traf ich den Meister am 25. November 1961. An diesem Tag wagte ich es nicht, ihm von den Gefühlen zu erzählen, die ich bei der Erinnerung an jenen Augenblick empfand, als Herr M. den Namen »Mikhaël« über mir leuchten sah, und dieser Name den Raum erfüllte!«

Einige, von den Worten des Meisters inspirierte, Gedichte

Die Demut

Im beginnenden Tageslicht verblassen die Sterne nacheinander, bis sie nicht mehr zu sehen sind. Allein die Venus behält noch ihren sanften Glanz, bis zum Erscheinen ihrer geliebten Sonne. Diese schickt ihr bereits ihren ersten Lichtstrahl, den sie in reine Liebe verwandelt, bevor sie dann, wiederum mit jener Demut, die ihren Charme und ihre Anmut ausmacht, den Blicken entschwindet.

O Venus, du hast das größte Geheimnis entdeckt: sich klein zu machen, ganz klein vor dem, was groß ist…

Ein Geheimnis, das nur den Eingeweihten bekannt ist.

> Das größte Hindernis ist der Stolz.
> Die größte Fessel ist die Undankbarkeit.
> Die Undankbaren und die Stolzen
> Werden von den Göttern verbannt.
> In der Demut liegt das wahre Wissen verborgen.
> Es ist der Respekt vor allem, was heilig ist.
> Es ist das, was alle, die auf der Suche
> Nach der einen Wahrheit sind,
> Dazu bringt, in vollem Bewusstsein zu handeln.

Zu lieben

Zu lieben bedeutet, wie die Quelle zu sein, die fließt.

Zu lieben bedeutet, selbstlos das Beste von sich zu geben.

Zu lieben bedeutet, sich zu entschleiern, um seiner Seele jenen feinen Duft entströmen zu lassen, der, wie die Rose, die Atmosphäre mit Wohlgeruch erfüllt.

Zu lieben heißt, seinen Freunden die Möglichkeit zu bieten, sich zu erfrischen, sich zu reinigen, sich zu den Gipfeln zu erheben.

Zu lieben bedeutet, bis zur Seele der Sonne vorzudringen, mit ihrem Licht Kommunion zu halten und es dann in Fülle um sich her zu verbreiten.

Zu lieben bedeutet, ein erweitertes Bewusstsein zu haben, das den Kosmos umfasst.

Zu lieben bedeutet, vollkommenes Vertrauen in Gott zu haben, der alles Existierende leitet, belebt, erleuchtet und umhüllt.

Zu lieben bedeutet, wirklich an dem Großen Werk teilzunehmen, dessen Geheimnis die alten Alchemisten entdeckten.

Zu lieben bedeutet, in deiner Seele eine unendliche Anzahl von Bildern zu nähren, die es dem Geist ermöglichen zu gedeihen.

Zu lieben bedeutet, Gegensätze zu harmonisieren und alle Energien auf die Gipfel auszurichten, um an der Arbeit der erhabenen Hierarchien teilzunehmen.

Zu lieben bedeutet, sich Gott zu nähern, in Ihn einzudringen, sich mit Ihm zu identifizieren, um wie Er zu werden.

Der Meister ist für uns ein vollkommenes Beispiel dieser Liebe!

Das Licht

Wenn unsere Seele sich findet
In der Seele der Sonne
So verbreitet sich in ihr
Das Licht des Himmels.

Ich wählte das Licht
Um in meinem Herzen
Die ursprüngliche Sicht
Der Quellen und Blumen zu bewahren.
Wenn meine Augen sich erheben
Zu der Sonne Gold
Enthüllt mir ihre Klarheit
Wo die Wahrheit ist.

Die Wahrheit

Um die Wahrheit zu sehen und zu hören, musst du ihr dienen.

Die Wahrheit spricht zu denen, die sie lieben und ihr dienen. Indem wir der Wahrheit dienen, entdecken wir sie. Sie ist so mächtig, dass sie selbst durch die Fehler und Lügen hindurchscheint, die auf sie projiziert werden: Sie sind nur die Tafel, auf die ihre »weiße Kreide« alles schreibt, was wesentlich, ewig und unsterblich ist.

Das wunderbare Agens, das uns erlaubt, die Wahrheit zu sehen, ist das Licht!

Aus der Dunkelheit herauszukommen, um auf den Weg des Lichts zu gelangen, wo der Mensch die Wahrheit entdeckt, das ist es, was er zu finden sucht. Aber warum sucht er es außen, wo es doch genügt, in seine innere Welt einzutreten, die er noch nicht erforscht hat?

Das Opfer

Die Freude am Opfer
Ist nichts für Anfänger.
Sie ist für den, der weiß
Und sich weiht…
Wie die strahlende Sonne,
Der feine Wassertropfen,
Das reine und sanfte Lamm.
Wie das kleine Weizenkorn,
Vollkommen, wie Gold;
Es trägt in sich
Unser tägliches Brot!

Ernte im Bonfin mit Bruder Jean

Gegenwärtig sein!

Gegenwärtig sein bedeutet, uns unserer Verantwortung bewusst zu sein.

Gegenwärtig sein bedeutet, jederzeit ansprechbar zu sein.

Gegenwärtig sein bedeutet, bereit zu sein, das zu erfüllen, worum der Meister uns bittet.

Gegenwärtig sein bedeutet, zu schauen, zu wissen, vorauszusehen, wann wir da sein müssen, um das zu realisieren, was der Himmel von uns erwartet.

Gegenwärtig sein bedeutet, die Tugend der Wachheit zu pflegen, die uns innerlich erhellt.

Gegenwärtig sein bedeutet, schnell und korrekt auf ein Ereignis zu reagieren.

Gegenwärtig sein bedeutet, die kleinsten Nuancen einer Atmosphäre spüren zu können, um Harmonie zu schaffen oder sie wiederherzustellen.

Gegenwärtig sein bedeutet, zu wissen, dass unsere Seele leuchten und die Menschen mit ihrer Klarheit durchdringen wird, wenn wir uns weiterentwickeln.

Gegenwärtig sein bedeutet, zu spüren, dass auch der Meister immer gegenwärtig ist, um der Sache des Lichts zu dienen und ewig auf die Liebe des lebendigen Gottes zu vertrauen.

Anmerkung

1. Siehe Band 7 der Reihe Gesamtwerke »Die Reinheit«, Teil 3, Kapitel 3 »Wie man sich waschen soll«.

Renée Giraud
(1890 - 1986)

Schwester Renée war ein besonderer Mensch. Sie wurde in eine Schauspielerfamilie hineingeboren, war selbst Schauspielerin und zeichnete sich durch eine große Jugendlichkeit des Geistes und durch eine Fantasie aus, die manche auch verwirren konnte. Sie war gleichzeitig verletzlich und sehr stark, und diejenigen, die sie gut kannten, waren von ihrer tiefen Mystik beeindruckt. Ihre Haltung und Gegenwärtigkeit in der Nähe des Meisters erinnerten uns oft an Maria, die Schwester des Lazarus in den Evangelien, die Jesu zu Füßen saß, während sie seinen Worten lauschte und ihn hingebungsvoll betrachtete.

Ihre Mutter war sehr früh verstorben, sie selbst hatte keine Kinder, und sie schien diesen Mangel dadurch auszugleichen, dass sie den Jugendlichen immer viel Aufmerksamkeit schenkte. Sie war den jungen Menschen auf mütterliche Weise zugetan und diese waren dafür sehr empfänglich. Sie hörte ihnen zu, beriet sie und tröstete sie. Die meisten von ihnen waren noch nicht auf der Welt gewesen, als der Meister nach Frankreich kam. Deshalb konnten sie sich nicht vorstellen, wie dieser für sie so beeindruckende Mensch damals war, als er gerade erst aus Bulgarien kam. Aus diesem Grund wurde sie oft von ihnen gebeten: »Erzählen Sie uns doch…« Und sie war so gut im Erzählen!

Als der hier folgende Bericht aus ihrer Feder floss, war sie bereits sehr alt, und es war ihr Wunsch, ihn mit jenen Erinnerungen zu schmücken, von denen sie gewöhnlich erzählte. Sie starb im Jahre 1986, wenige Monate bevor auch der Meister diese Welt verließ

An den Meister

Mein Meister, bevor ich mit dieser Erzählung beginne, verbeuge ich mich respektvoll vor Ihnen. Im Grunde ist mein Vorhaben töricht, denn wie will ich es schaffen, die Menschen das verstehen und fühlen zu lassen, wozu Gott Sie gemacht hat? Um mir zu helfen, rufe ich den Herrn und die Geistwesen an, welche die Natur bewohnen, die mich umgibt; und ich hoffe ganz einfach, dass ich die Herzen der anderen durch das berühren kann, was ich selbst in meinem Herzen trage.

Ich widme dieses Zeitzeugnis allen jungen Menschen. Ich widme es dieser leidenschaftlichen Jugend, die sich selbst sucht, in der Hoffnung, eines Tages einem Wesen zu begegnen, das ihren Weg erhellen wird. Ich liebe diese Jugend und verstehe ihre Erwartungen. Ich weiß auch, wie sehr Sie, Meister, diese jungen Menschen lieben und welch hohe Erwartungen Sie an sie haben. Ich wünschte, sie könnten spüren, dass Sie ihnen nicht nur ein Lehrer, sondern auch ein Freund sein können. Denn was ist ein Freund? Ein Mensch, der durch seine Gegenwart und durch sein Wort nur das Beste in uns erweckt und uns in unserem Umfeld zu all dem hinführt, was dazu beiträgt, diesen inneren Reichtum zu nähren. Sie haben immer daran geglaubt, dass jeder Mensch tief in seinem Inneren Gold vergraben hat. Wie oft haben Sie uns gesagt, dass der effektivste Weg, sich dessen bewusst zu werden, darin besteht, den Sonnenaufgang zu betrachten. So haben Sie uns Jahr für Jahr mit unendlicher Geduld gelehrt, zur Sonne zu gehen.

Ich erinnere mich an jenen Morgen, als Sie zu uns sagten: »Wenn die Sonne aufgeht, spürt ihr dann nicht, dass in den Tiefen eures Seins auch etwas in euch aufgeht? Seid aufmerksam, um den ersten Strahl zu empfangen, und in dem Moment, in dem er am Horizont erscheint, sprecht innerlich die Worte: »So wie die Sonne über der Welt aufgeht, möge die Sonne der Liebe, der Weisheit und der Wahrheit in meiner Seele aufgehen.«

Während Sie diese Worte sprachen, schwang die Luft um uns herum intensiver. Alles, was die Erde bevölkert, eilte zu diesem Glanz: Es schien, als würden die Bäume und Felsen ihre Arme ausstrecken, als verwandelten sich die Steine in Edelsteine und die Tautropfen in Diamanten.
Zusammen mit Ihnen und in Ihrer Nähe sammeln wir jeden Morgen dieses Gold der Sonne. Wir lassen uns von ihren Strahlen wie von Strömen flüssigen Goldes durchdringen. Dort beim Sonnenaufgang habe ich verstanden, dass Sie ein Goldsucher sind und dass wir, so wie Sie, lernen müssen, dieses Gold der Sonne zu entdecken, um es danach auch in uns zu finden.

Der Goldsucher

Ich lernte den Meister in den ersten Tagen seiner Ankunft in Paris im Juli 1937 kennen. Zu dieser Zeit wusste ich noch nicht, was ein spiritueller Meister ist. In der protestantischen Religion aufgewachsen, hatte ich einen schwachen Glauben, der mir genügte. Dieser Glaube war zwar Teil meines Lebens, aber er war nicht mein eigenes Leben.
Ich war Schauspielerin, und wahrscheinlich lebte ich deswegen, wie fast alle Schauspieler, in Extremen. Ich dachte, um Komödien oder Tragödien gut spielen zu können, müsse man ausschließlich in Leidenschaften leben, in heftigen Qualen oder überschwänglichen Freuden. Diese hinterlassen aber, wie alle Exzesse, einen schalen Nachgeschmack und eine Art von Depression. Mein Privatleben war völlig gescheitert: Verrat und Niederträchtigkeiten hatten mich

an den Rand des Zusammenbruchs gebracht. Ich dachte an Selbstmord. Ein Schlag gegen mein Bein hatte eben zu diesem Zeitpunkt eine Venenentzündung zur Folge, gepaart mit einer Knochenhautentzündung und möglicherweise auch mit einer Bindegewebsentzündung. Damals gab es noch keine Antibiotika. Der Arzt, der mein Bein begutachtet hatte, warnte mich: Wenn ich nicht sofort das Bett hütete, könnte dieser Zustand tödlich enden. Ich hatte nur gelacht und mich fast gefreut: Der Weg, um dieses Leben zu beenden, das mich so sehr belastete, schien dadurch so einfach zu werden…

In diesem Moment erzählte mir eine Freundin*, dass ein Schüler des bulgarischen Meisters Peter Danov gerade in Frankreich angekommen sei. Sein Name sei Mikhaël. Sie hatte ihm von mir erzählt und er wollte mich treffen. Vorläufig wohnte er bei ihr und so wurde ein Termin vereinbart.

Am vereinbarten Tag hatte ich starke Schmerzen, mein Bein begann ernsthaft anzuschwellen. Sollte ich in diesem Zustand dorthin gehen?… Ja, ich würde es tun. Und je näher die vereinbarte Stunde rückte, umso ungeduldiger wurde ich. Schließlich eilte ich aus meinem Haus. Ich konnte meine Eile nicht verstehen. Es war, als hörte ich einen Ruf…

Als ich im Haus meiner Freundin ankam, nahm sie sich kaum Zeit, mich zu begrüßen, sondern öffnete sogleich die Tür zu einem Raum. Da stand ich nun vor einem sehr jungen Mann mit Gesichtszügen von überraschender Schönheit, jener Schönheit, die der Spiegel eines tiefen Innenlebens ist. Bruder Mikhaël kam mit ausgestreckter Hand und einem wunderbaren Lächeln auf mich zu. Als ich sein leuchtendes Sein sah, war das wie ein Schock für mich und ich wäre am liebsten davongelaufen. Es war, als vertreibe das, was in mir noch rein geblieben war, jenes andere, schmerzerfüllte Wesen, das ich geworden war. Doch ich musste innerlich zurückkommen und ihn endlich anschauen.

---

* Die Freundin war Schwester Stella, deren Bericht im ersten Kapitel dieses Buches vorgestellt wurde. Mit unermüdlicher Hingabe und Treue standen beide Frauen dem Meister Aïvanhov bis zum Schluss zur Seite.

Mein protestantischer Glaube, der von jeglicher Mystik weit entfernt war, veranlasste mich dazu, besorgt über das zu sein, was ich bei ihm wahrnehmen konnte: ein Leuchten, das über seinen Schultern erstrahlte. Ich öffnete meine Augen, schloss sie, öffnete sie wieder, und dieses Licht wurde intensiver. Ich sagte: »Aber was ist das, was so hell in der Nähe Ihres Kopfes leuchtet?« Er schwieg lange, dann sagte er mit dieser leisen Stimme, die mich heute noch so bewegt: »Sehen Sie es? Das ist sehr gut, Schwester Renée.« Warum nannte er mich bei diesem Namen: »Renée?« Es war nicht mein Name, mein Name war Andrée. Und warum »Schwester«? Er hatte meine Gedanken aufgefangen. »Entschuldigen Sie«, sagte er, »in unserer bulgarischen Bruderschaft nennen wir uns ›Bruder‹ und ›Schwester‹. Was den Vornamen betrifft, den ich Ihnen gebe, so ist er besser als der, den Sie tragen. Er wird Ihr Schicksal verändern. Nehmen Sie ihn an?« War ich es, oder war es jemand anderes, der mit »Ja« antwortete? Ich weiß es nicht. Es war ein außergewöhnlicher Moment. Nach diesem »Ja« überkam mich eine Frische, und ich hatte den Eindruck, dass dieser Mensch, der da vor mir stand, mir in der Wüste meines Lebens ein Glas reines Wasser reichte. Ich war von meiner Furcht befreit und richtete meine Aufmerksamkeit nur noch auf eine Präsenz, die von anderswoher kam. Dreißig Jahre nach dieser ersten Begegnung kann ich sie noch immer genau nacherleben.

Auf Wunsch von Bruder Mikhaël kam ich am nächsten Tag wieder. Ich dachte nicht mehr an die Warnung des Arztes. Ich vermied es, zu humpeln, denn ich wollte nicht, dass er davon erfährt. So begann ich zu reden und zu reden... Es war ein Wirbelwind von Sätzen, ich wollte mich befreien, wollte mein ganzes Leben auf einmal erzählen. »Sie reden zu schnell, ich verstehe Sie nicht, beruhigen Sie sich. Später werden Sie es mir erklären... Können Sie Klavier spielen?« Auf meine bejahende Antwort hin gab er mir eine Partitur mit den Liedern von Meister Peter Danov und bat mich, sie vom Blatt zu spielen. Ich glaube, ich spielte eine ganze Stunde lang, ohne Pause. Danach bat er mich, meine Lieblingsgedichte zu rezitieren. Auch

Bruder Mikhaël im Jahr 1937

hier konnte ich nicht mehr aufhören und suchte nach allen Gedichten, die ich liebte. Er hörte zu, die Augen halb geschlossen, wunderbar ruhig. Währenddessen fühlte ich diesen schrecklichen Schmerz in meinem Bein nicht mehr, doch Bruder Mikhaël war sehr aufmerksam und spürte die Angst, welche mir die Krankheit machte. Er sagte: »Sie sehen fiebrig aus, sind Sie krank?« Ich antwortete: »Ja, ein Schlag auf mein Bein verursachte eine Venenentzündung. Aber es ist nichts Schlimmes.« Er erwiderte: »Würden Sie mir Ihren Knöchel zeigen?« Als er die starke Schwellung erblickte, sagte er zu mir: »Sie müssen ins Bett. Sie werden lange krank sein. Eines Tages werden Sie sich sogar an der Schwelle zum Jenseits befinden. Aber Sie werden diese schwierige Zeit durchstehen und danach sind Sie frei.« Frei…? Warum dieses Wort? Ich wollte nicht frei sein, viele Dinge zogen noch an mir. Das Durchtrennen dieser Verbindungen erschien mir unmöglich und auch mein Wille weigerte sich. Aber das Fieber stieg, ich musste gehorchen. Als ich mich an diesem Tag ins Bett legte, wusste ich nicht, dass ich ein Jahr lang darin bleiben würde.

Er hatte mir versprochen, mich zu besuchen, und am nächsten Tag kam er tatsächlich. Als er die Schwelle meines Zimmers überschritt, hatte ich den Eindruck, dass die ganze Natur mit ihm eintrat. Es schien mir, als würden sich die Wände erweitern, um Platz für Blumen, Bäume, Flüsse und Berge – für eine ganze vom Sonnenlicht durchflutete Landschaft – zu schaffen. Es war eine seltsame Erfahrung, bei der er selbst nicht mehr sichtbar war. Als er später mein Handgelenk nahm, um zu sehen, ob das Fieber weiterhin bestand, hatte ich ein Gefühl, als ob mich ein Ast festhielt und mich davor bewahrte, von einem wütenden Strom weggerissen zu werden. Er betete... Ich sehe noch immer sein Gesicht, es war so friedvoll, so jung und so rein... Da beruhigte sich alles in mir, und ich konnte diese totale Unbeweglichkeit mit jedem Tag besser akzeptieren. Eines Abends fragte er mich: »Vertrauen Sie mir?« Und auf meine bejahende Antwort hin sagte er: »Ich werde für Sie ein sehr einfaches Heilmittel zubereiten, das von meinem Meister empfohlen wird. Sie werden Umschläge damit machen und diese an drei aufeinanderfolgenden Tagen auflegen.« Als mich der Facharzt wenige Tage später untersuchte, war sein Fazit: »Sie haben keine Bindegewebsentzündung und keine Knochenhautentzündung, es ist lediglich eine Venenentzündung. Sie brauchen Ruhe, weiter nichts!«

Die Tage vergingen. Ich war nun fast schmerzfrei und das Fieber sank. Wenn Bruder Mikhaël mich besuchte, sprach er nur wenige Worte. Betend und meditierend saß er neben mir, und der Raum war erfüllt von Frieden. Nach und nach verabschiedete sich meine turbulente Vergangenheit aus meinem Gedächtnis und auch aus meinem Herzen. Manchmal fragte ich mich: »Wer ist dieser Mann nur?« Bisher hatte ich das Leben verachtet: Ich hatte es verbraten, es war mir egal, ob ich lebte oder starb. Menschen, die mir sehr am Herzen lagen, waren verstorben, und es blieb mir nur noch wenig Familie! Ich war wie eine Reisende, die von Land zu Land zieht, um an einem schönen und hellen Ort Asyl zu suchen. Nichts hatte bisher diesem Wunsch meiner Seele entsprochen. Doch nun war ich hier, sehr krank, aber so glücklich! Sollte ich etwa, nach langem Suchen, endlich den Hafen erreicht haben? Dieser Mensch, so anders als alle anderen, die ich bisher getroffen hatte, schien mir eine Inkarnation des Lichts zu sein. Er erzählte mir von seinem Land Bulgarien, von seinem Meister und der von ihm gegründeten Bruderschaft. Aber über die Lehre sprach er nicht, auch bat er mich nicht, daran teilzunehmen. Er wartete.

Eines Tages nahm er das Neue Testament von meinem Nachttisch, stand auf und las aus dem Johannes-Evangelium das priesterliche Gebet. Jenes lange Gebet, das Jesus während der letzten Mahlzeit mit seinen Jüngern gesprochen hatte.

»Vater, die Stunde ist gekommen: Verherrliche deinen Sohn, auf dass der Sohn dich verherrliche; so wie du ihm Macht gegeben hast über alle Menschen, auf dass er ihnen alles gebe, was du ihm gegeben hast: das ewige Leben. Das ist aber das ewige Leben, dass sie dich, der du allein wahrer Gott bist, und den du gesandt hast, Jesus Christus, erkennen. Ich habe dich verherrlicht auf Erden und das Werk vollendet, das du mir gegeben hast, damit ich es tue. Und nun, Vater, verherrliche du mich bei dir mit der Herrlichkeit, die ich bei dir hatte, ehe die Welt war...« (Jh 17,1-5).

Wie gerne würde ich den Eindruck beschreiben können, den ich während dieser Lesung empfand. Noch nie zuvor hatte ich jemanden so lesen gehört. Jedes Wort, ebenso wie das Schweigen zwischen den einzelnen Sätzen, wurde lebendig. Ich fühlte mich in eine andere Welt entrückt… Später habe ich den Text auswendig gelernt.
In dieser Nacht konnte ich nicht schlafen. In mir tobte ein Kampf, ein erbitterter Kampf. Ich gehöre nicht zu denen, die halbe Entscheidungen treffen. Wenn ich einen Weg wähle, engagiere ich mich ganz. Ich fühlte, dass sich mein Leben radikal verändern würde, wenn ich Bruder Mikhaël folgte. Ich betete und betete...
Am Morgen sagte ich mit lauter Stimme: »Herr, wenn dieser Mann, so wie ich es glaube, dein Gesandter ist, so gib, dass er in

einer Stunde hier ist, um gemeinsam mit mir zu essen. Dies wird für mich wie eine Kommunion und wie Deine Antwort sein, und dann werde ich ihm folgen. Wenn er aber nicht kommt, werde ich ihn nie wieder sehen.«

Eine langjährige Bekannte, die als Pflegerin bei mir wohnte, flehte mich an, doch nicht zu viel zu verlangen, als sie dies hörte. »Sie versuchen Gott, Renée! Das ist leichtsinnig. Eine Stunde! Wissen Sie denn wirklich, was Sie da tun?«

Aber ich blieb unnachgiebig. Ich wartete mit angehaltenem Atem. Die Minuten vergingen. Kaum war die Stunde um, klingelte es an der Tür. Nie werde ich das Gesicht dieser treuen Freundin vergessen: Sie erstarrte einige Sekunden, aber dann lief sie, so schnell sie konnte, um zu öffnen.

Bruder Mikhaël trat ein, die Arme mit Gemüse und Früchten beladen, und sagte in ernstem Ton zu mir: »Entschuldigen Sie, Schwester Renée. Sie sind zwar krank und bettlägerig, aber eine innere Stimme sagte mir, ich solle kommen, um mit Ihnen eine Mahlzeit einzunehmen.« Meine Freundin wollte ihm die Nahrungsmittel abnehmen. »Lassen Sie nur«, sagte er, »ich werde alles selbst machen.« Er stellte einen kleinen Tisch neben mein Bett und bedeckte ihn mit einem weißen Tischtuch. Dann ging er in die Küche, um alles vorzubereiten. Ich sehe ihn noch, wie er das Geschirr mit Gesten voller Sanftmut anordnete. Und es war, als würde er das Brot und die Früchte streicheln. Dann nahm er einen Stuhl, setzte sich und sprach nur das eine Wort: »Kommunion.« Gibt es einen größeren Beweis, eine höhere Gnade, die der Herr einem wartenden Menschen zuteilwerden lassen kann? Jahre sind seitdem vergangen, aber ich denke noch immer an diese sofortige Antwort.

Diese Minuten entschieden über den Rest meines Lebens. Ich sah einen Weg vor mir, einen schönen, geraden und hellen Weg. Ich war nicht mehr das leidende Wesen. Es schien mir, als ginge ich auf diese »grünen Auen, diese Weiden aus frischem Gras« zu, welche die Psalmen besingen. Laut oder still in meinem Inneren, das weiß ich nicht, sprach ich nun: »Im Guten wie im Schlechten werde ich Ihnen folgen. Führen Sie mich. Nun beginnt etwas, für das ich geboren wurde.« Die Wände meines Zimmers waren plötzlich verschwunden, ich fühlte mich inmitten der Natur und stand vor diesem außergewöhnlichen Wesen, als ich seine Stimme hörte, die aus der Ferne zu kommen schien, und einfach diese vier Worte aussprach: »Sie sind Schwester Renée.« Re-née (die Wiedergeborene)! Und im Himmel war da etwas wie ein Lied, das, zusammen mit den wunderbarsten Farben, diese Wiedergeburt feierte.

Wenn man schwer krank ist, lebt man zwischen zwei Welten, die Sensibilität ist höher, die Wahrnehmungen sind subtiler. So lebte ich einige Monate lang zwischen Himmel und Erde. Es war mir noch immer untersagt, mich zu bewegen, mein Bein lag in einer Schiene, die geringste Bewegung hätte tödlich enden können. Von meinem Bett aus konnte ich den Himmel und die Bäume sehen. Wenn das Fenster geöffnet wurde, war die Luft voller Düfte, die mich belebten... In meinem Zimmer schienen die Möbel und die kleinsten Gegenstände lebendig zu sein.

Es gab Höhen und Tiefen und nach einem Jahr konnte ich wieder aufstehen. An diesem Tag kam Bruder Mikhaël zu mir, und sagte direkt bei seiner Ankunft: »Kommen Sie, Schwester Renée, stehen Sie auf! Legen Sie gedanklich alle Ihre Energien in ihr Bein, und konzentrieren Sie sich auf das Gleichgewichtszentrum, das sich im Ohr befindet. Nun stehen Sie auf und laufen Sie!« Er hatte sich in den hinteren Teil des Raumes begeben und wollte nicht einmal, dass ich mich auf seinen Arm stütze. Ich hatte keinen Stock zur Hand. So sah ich ihn an. Er hatte die Augen geschlossen und betete. Sein Gesicht leuchtete, und es ging eine solche Kraft von ihm aus, dass ich, die Augen auf ihn gerichtet, aufstand und ohne Schwierigkeiten, ohne das geringste Straucheln, laufen konnte.

Zwei Wochen später ging ich mit meinem Hund auf der Straße spazieren, und dieser zog so fest an der Leine, dass er auch jemanden hätte zu Fall bringen können, der sicherer auf den Beinen gewesen wäre als ich. In meinem Bein war nie wieder etwas von diesem Unfall zu spüren. Rasch nahm ich meine Arbeit wieder auf und kehrte sowohl in die Werkstatt zurück, in der ich Theaterkostüme fertigte, als auch zu meinem Beruf als Schauspielerin.

Und so kehrte ich wieder ins Leben zurück.

Ich habe diese Fakten berichtet, um eine Vorstellung von der Macht eines spirituellen Meisters zu vermitteln. Was sich im körperlichen Bereich abspielt, ist leicht zu beschreiben, aber wie kann ich das geistige Erwachen schildern, das damals in mir stattfand? Man muss viel gelitten und die menschliche Niedrigkeit in all ihren Formen aus nächster Nähe gesehen haben, um zu fühlen, was von einem Menschen ausgeht, der von einem solchen Wunsch beseelt ist, den Frieden, die Hoffnung und die Freude zu allen zu bringen, denen er begegnet.

Später, als es mitunter vorkam, dass ich mit ihm zu Fuß auf den Straßen von Paris unterwegs war, bemerkte ich allmählich, welche Wirkung er auf die Menschen ausübte, an denen wir vorbeikamen. Voller Natürlichkeit grüßte er sie und lächelte sie an. Viele drehten sich neugierig um und fragten sich offensichtlich, wer dieser ungewöhnliche Mensch wohl war. Einige erwiderten spontan seinen Gruß und sein Lächeln, aber andere reagierten mit einem fast feindseligen Gesichtsausdruck. Wahrscheinlich nahmen sie etwas in seinen Augen wahr, das sie dazu brachte, ihr eigenes langweiliges und böswilliges Leben zu verurteilen, und das konnten sie nicht ertragen. Oft sagte er voller Bedauern: »Schwester Renée, diese Leute sehen so besorgt, traurig und unglücklich aus! Wie können wir ihnen nur helfen?«

Meine Schwester, die Sängerin Marguerite Carré, war mit dem damaligen Direktor der Opéra Comique verheiratet. Sie schenkte mir Tickets für die Oper oder für Konzerte, was Bruder Mikhaël sehr schätzte, denn die Musik war schon immer ein wichtiger Teil des geistigen Lebens. Ich lernte bei ihm viel darüber, auf welche Weise man am besten Musik hört. Nachdem ich ihn zu Hause abgeholt hatte, nahmen wir die Metro. Auch hier blieb er nie unbemerkt. Sobald er Menschen begegnete, musste er ihnen durch seinen Blick und durch sein Lächeln etwas von der Zärtlichkeit Gottes bringen, die in ihm wohnte.

Er erzählte, dass er schon in sehr jungen Jahren, noch bevor er dem Meister Peter Danov begegnete, ein enormes Bedürfnis verspürte, auf dem Weg des Lichts geführt zu werden. Deshalb suchte er die orthodoxe oder die protestantische Kirche auf, um die Popen und Pfarrer sprechen zu hören. Sie zitierten aus den Evangelien und kommentierten den Text, aber er konnte in ihren Predigten keine wirkliche Spiritualität erfühlen. Da war ein tiefer Graben zwischen den Worten Jesu und dem Eindruck, den diese Worte hinterließen, wenn sie aus ihrem Munde kamen, was ihn sehr enttäuschte! Zu diesem Zeitpunkt hatte er beschlossen, daran zu arbeiten, sein eigenes Leben so zu erheben, dass es so gut wie möglich an die Worte Jesu heranreichen möge.

Als er im Alter von siebzehn Jahren Meister Peter Danov begegnete, war es genau dieser Aspekt, der ihn beeindruckte. »Das Bemerkenswerteste bei meinem Meister«, sagte er, »was ihn zu einem absolut einzigartigen Menschen machte, war das geistige Leben, das von ihm ausströmte und das uns wie Lichtstrahlen durchdrang. Denn die Ausstrahlung, die von einem intensiv spirituell lebenden Menschen ausgeht, ist etwas Lebendiges. Es ist eine von reinen Lichtwesen bewohnte Welt, die in alle Menschen seiner Umgebung eindringt und eine Arbeit an ihnen ausführt.«

Viele Jahre hatte er bei Meister Peter Danov gelernt und an der Verwirklichung dieses Ideals gearbeitet, das er eines Tages in einem Vortrag definierte: »Die wahren Lehrer der Menschheit, die sich selbst aufgebaut, sich selbst geformt, sich selbst geschrieben haben, haben durch ihre Anwesenheit die ganze Erde bewegt, weil durch sie alle Farben, alle Formen, alle Gedichte und alle Melodien der Welt gesehen und gehört werden konnten. Ein Wesen, das sich selbst aufbaut, das sein eigenes Buch schreibt, tut viel mehr für die Menschheit als alle Bibliotheken, alle Museen und alle Meisterwerke der Kunst, denn diese sind tot, während er lebendig ist!«

Und so war dieses »lebendige Buch«, das er selbst zu werden anstrebte, eines Tages im hektischen Vorkriegs-Paris angekommen. In Bulgarien hatte er lernend, meditierend, betend gelebt und sich oft in die Einsamkeit und Stille der Berge zurückgezogen. Nun befand er sich plötzlich inmitten einer Welt, auf die ihn nichts vorbereitet hatte, außer einer sehr alten Anziehung für unser Land und den Träumereien, die in seiner Jugendzeit durch den poetischen Namen »Champs-Elysées« hervorgerufen worden waren…

Schon sehr bald bildete sich um ihn eine kleine Gruppe von getreuen Zuhörern, und es wurde notwendig, einen Ort zu finden, an dem sich die Bruderschaft niederlassen konnte. Der Meister wählte den Pariser Vorort Sèvres, zuerst die Rue Jeanne d'Arc, dann die Rue de la Monesse und schließlich die Rue du Belvédère de la Ronce. Die Anfänge waren nicht einfach. Man denke daran, dass Bruder Mikhaël damals jünger war als viele Brüder und Schwestern und dass er in keiner Weise den Titel eines Meisters für sich beanspruchte. Er sagte: »Ich will Sie nicht unterrichten, wie ein Meister dies tun würde: Da Sie Söhne und Töchter Gottes sind, sind die Wissenschaft und Kenntnisse bereits in Ihnen. Indem wir zusammen sprechen,

76. - SÉVRES. - Rue Jeanne d'Arc

Rue Jeanne d'Arc in Sèvres

*Anmerkung des Übersetzers: Der Meister sprach zu seinen Schülern zeitlebens in der Höflichkeitsform. Für die deutsche Übersetzung seiner Bücher wurde jedoch aus Gründen der besseren Lesbarkeit die »Ihr«-Form gewählt.

werden wir uns an alles erinnern können, was wir vor sehr langer Zeit wussten, als wir aus dem Schoß des Herrn hervorgingen. Das ist das Einzige, was wir bei unseren Zusammenkünften versuchen müssen.«* Und dann kam der Krieg. Während dieser ganzen Zeit, von 1939 bis 1945, ermutigte er uns unablässig: »Bewahren Sie die Hoffnung. Frankreich kann nicht besiegt werden. Es ist eine Leidenszeit, aus der das Land gestärkt hervorgehen wird.« Als Paris besetzt war, traf er trotz seines Ausländerstatus, der seine Situation besonders schwierig machte, keinerlei Vorsichtsmaßnahmen. Er ging auf die Straßen, wie von dem Bedürfnis getrieben, die Sorgen und das Leid der Menschen zu teilen. Er sprach mit den Menschen und machte ihnen Mut.

Schwester Stella, Bruder Krüger und das Ehepaar Laumonier

Ich sehe ihn noch, wie er sich, als die Menschen massenhaft aus Paris flüchteten, vor fliehende Menschen stellte und sie anflehte, doch zu bleiben, indem er ihnen versicherte, dass sie in Paris geschützter seien, als auf den Straßen außerhalb der Stadt. Aber anstatt auf ihn zu hören, reagierten diese Verzweifelten und Verstörten manchmal sogar mit Beleidigungen. Eines Tages kam er zu mir nach Hause, und das war der einzige Tag in all den Jahren, die ich in seiner Nähe verbrachte, an dem ich sah, wie er vom Schmerz überwältigt wurde: »Schwester Renée, was kann ich tun? Diese Menschen laufen in den Tod, ich spüre es. Was soll ich nur tun? Was soll ich nur tun? Es sind alte Leute und Kinder unter ihnen…« Diese Machtlosigkeit verursachte bei ihm ein schreckliches Leid. Aber dennoch fuhr er während des ganzen Krieges fort, seine Aufgaben zu erfüllen.

Als Paris anfangs bombardiert wurde und wir uns versammelt hatten, um ihm zuzuhören, blieben auch wir während des Alarms ganz ruhig. Manchmal zerbrach ein Fenster, die Bomben fielen in nächster Nähe, aber keiner von uns rührte sich. Mit seinem Wort kam Frieden über uns. Erstaunlicherweise passierte während des ganzen Krieges keinem von uns etwas. Weder an der Front noch im Inneren des Landes. Und wie viele Juden, die den gelben Stern auf der Brust trugen, kamen, um ihm zuzuhören!

Die Versammlungen waren verboten, aber manchmal setzte sich Bruder Mikhaël darüber hinweg, und wir trafen uns im Park von Saint-Cloud zum Sonnenaufgang. Wir machten dort dann auch die Atem- und Gymnastikübungen, und ich erinnere mich an einen Tag, als wir etwa fünfzehn Personen waren. Eine deutsche Militär-Einheit kam vorbei, während wir gerade die Gymnastikübungen ausführten. Als sie unsere Gruppe sahen, feuerte ein Offizier in die Luft... Wir reagierten nicht, sondern setzten ruhig unsere Übungen fort. Der Offizier rief uns zu: »Wir hätten nicht gedacht, dass die Franzosen so früh am Morgen schon Gymnastik machen!« Dann befahl er seinen Männern, stehenzubleiben und auch ihr körperliches Training zu absolvieren. Vielleicht wird man mir nicht glauben, aber das ist die Wahrheit.

Der Meister besuchte manchmal Brüder und Schwestern, allein oder zusammen mit anderen Personen. In diesen tragischen Zeiten war es wichtig, dass die Menschen den Mut bewahrten. Für bestimmte Strecken war es manchmal bequemer, das Fahrrad zu benutzen, was er sehr gerne tat. Als ich eines Tages an einem seiner Vorträge in Sèvres teilnahm, sagte er zu mir, dass er noch jemanden in Paris treffen müsse. Und er schlug vor: »Ich weiß, dass er nicht weit von Ihnen entfernt wohnt. Da Sie mit dem Fahrrad gekommen sind, könnten wir gemeinsam fahren.« Ich war erfreut, wusste aber nicht, was mich erwartete.

Er fuhr voraus und sagte, ich solle ihm hinterherfahren. Aber ich hätte nicht gedacht, dass er so schnell fuhr! Ich trat so gut ich konnte in die Pedale, war aber rasch außer Atem. Ab und zu hörte ich seine Stimme: »Folgen Sie mir?« »Ja, ja«, antwortete ich atemlos, wagte aber nicht, ihn zu bitten, langsamer zu fahren. Endlich erreichten wir den Wald von Boulogne. Danach ging es abwärts zu der Champs-Élysées, das sollte einfacher werden! Doch mitten in dieser Abfahrt versagten die Bremsen meines Fahrrads und ich sah die Bäume, die Wanderer, die Autos an mir vorbeirauschen und überholte auch ihn mit verzweifelten Gesten. So gut es ging, versuchte ich, mit dem Fuß auf dem Reifen zu bremsen, was nicht leicht war in meinem Alter, denn ich war über fünfzig und nicht mehr allzu geübt in dieser Art von Unternehmungen. Wie genau ich dann schlussendlich heil auf der Place de la Concorde ankam, das weiß ich nicht mehr…

Endlich kam der Tag der Befreiung von Paris, der 25. August 1944. Ich habe keinen glücklicheren Franzosen gesehen als ihn. Er ging überallhin, mischte sich unter die Menge und wollte keinerlei Vorsichtsmaßnahmen treffen, obwohl in den ersten Tagen noch überall geschossen wurde und die Menschen überspannt und nicht zu kontrollieren waren. Ich zitterte, wenn ich wusste, dass er draußen verweilte. Am liebsten hätte ich ihm gesagt, er solle doch lieber vorsichtig sein, aber ich wagte es nicht, denn auf seinem Gesicht war so viel Freude! Endlich wieder Frieden!

Bruder Mikhaël

Aber die schwierigste Zeit sollte erst noch kommen…

Es ist mir heute noch unerklärlich, wie ein Mensch, dessen einziger Wunsch es war, den anderen zu helfen, ihnen Licht, Frieden und Schönheit zu bringen, dann eines Tages auf den Titelseiten der Zeitungen derart durch den Schlamm gezogen und wegen Sittenwidrigkeit verurteilt werden konnte! Obwohl ich diese Ereignisse Tag für Tag miterlebt habe, ist das Gefühl der Bestürzung, das ich damals empfand, bis auf den heutigen Tag noch nicht vollständig vergangen.

Auch wenn ein spiritueller Meister im Grunde ein zeitloses, universelles Wesen ist, gehört er doch einem Land, einer Epoche an. Wenn er diese Realität aus dem Blick verliert, so werden sich schon andere darum kümmern und ihn mit aller Härte daran erinnern. Das gelingt ihnen umso besser, weil ihm deren Vorgehensweise so fremd ist und er deshalb keine besonderen Vorkehrungen trifft, um sich zu schützen. Vieles von dem, was passiert ist, lässt sich durch das Nachkriegsklima erklären. Während des Zweiten Weltkrieges war Bulgarien gezwungen gewesen, sich mit dem nationalsozialistischen Deutschland zu verbünden. Gegen Ende des Krieges wurde Bulgarien dann wegen der Besetzung durch die sowjetischen Truppen zu einem Teil des Ostblocks. Es war verlockend für das neue bulgarische Regime, einen Mann wie Meister Peter Danov, der ungewöhnliche Fähigkeiten und dazu noch den Vorteil hatte, das Oberhaupt einer kleinen Gemeinschaft zu sein, für Spionagezwecke benutzen zu wollen.

Auf der anderen Seite war Meister Peter Danov 1944 verstorben und die politische Situation in Bulgarien verbot die Fortsetzung der Aktivitäten der Bruderschaft. Seine Lehre konnte nur im Ausland weitergelebt werden. Viele von Peter Danovs ehemaligen Schüler kamen nach Frankreich und begannen, Gerüchte zu verbreiten: Wer war dieser Mikhaël, der behauptete, von Meister Peter Danov den Auftrag erhalten zu haben, seine Lehre in Frankreich zu verbreiten? Man unterstellte ihm, dass er ein Betrüger sei. So sahen wir alle möglichen Leute in der Bruderschaft auftauchen, sowohl Franzosen als auch Nicht-Franzosen, deren Motive ziemlich undurchsichtig waren. Einige wollten nur eine persönliche Unterredung, andere besuchten auch seine Vorträge. In der Bruderschaft begann sich eine beklemmende Atmosphäre zu verbreiten. Bruder Mikhaël schien jedoch nichts davon zu bemerken. Doch eines Tages spürte ich aufgrund einiger Worte, die er zu mir sagte, dass er sehr besorgt war. Er versuchte, das nicht zu zeigen und setzte weiterhin die Arbeit fort, für die ihn sein Meister Peter Danov nach Frankreich geschickt hatte.

Ich bemerkte mit der Zeit – voller Sorge – eine sich verändernde Einstellung bei einigen jungen Mädchen und Frauen. Ich hätte die Mutter von vielen sein können, deshalb kamen sie auch oft zu mir und erzählten mir von ihrer Bewunderung und Liebe zu Bruder

Mikhaël. Manche schrieben ihm Gedichte, die sie mir vorlasen. Alle empfanden ihn als unerreichbar. Doch während einige die Gründe dafür verstanden und einsahen, litten andere und lebten in der verzweifelten Hoffnung, ihn schlussendlich doch noch für sich gewinnen zu können. Bruder Mikhaël meisterte diese Situation sehr gut und wies ihnen – durch seine untadelige Haltung und durch seine Erklärungen in den Vorträgen – den Weg zu einer sublimierten Liebe. Nach und nach wurde ich jedoch gewahr, wie sich ihre Haltung änderte und ihre Worte zweideutig wurden. Monate vergingen in einer bedrohlichen Atmosphäre, bis an jenem Abend im Januar 1948 die Polizei kam, um Bruder Mikhaël zu verhaften. Man hatte ihn wegen sexueller Belästigung angeklagt.

Erst viel später gelang es uns, zu erkennen, was geschehen war. Als diesen Mädchen und Frauen klar wurde, dass Bruder Mikhaël sich streng an die geistige Mission halten würde, die ihm von seinem Meister anvertraut worden war, beschlossen diejenigen, die ihn in heikle Aktivitäten verwickeln oder die Bruderschaft für persönliche Zwecke benutzen wollten, ihn zugrunde zu richten! Dies umso mehr, als sie spürten, dass er begann, sie zu entlarven. Sie erkannten, dass sie den emotionalen Frust von einigen jungen Frauen ausnutzen konnten, und begannen, sie systematisch zu verunsichern. Das machten sie so geschickt, dass bei einigen von ihnen die Liebe in Hass umschlug. Andere, Schwächere, ließen sich in eine Verleumdung hineinziehen.

Und so geschah das Unglaubliche! Etwa vierzig von ihnen reichten eine Klage gegen Bruder Mikhaël ein und behaupteten, er habe sie missbraucht. Wie konnte es nur so weit kommen? Es gibt ohne Zweifel auch seelische Epidemien, so wie es körperliche gibt. Es scheint, dass Gedanken und Gefühle, genau wie Viren, eine ansteckende Kraft haben, und man muss einen besonders gesunden und soliden psychischen Organismus haben, um einer Ansteckung zu entgehen.

Ich kann nicht beschreiben, was ich empfand, als ich einige der Aussagen hörte. Diese jungen Frauen sagten hier genau das Gegenteil von dem, was sie in ihren Briefen, Gedichten oder in den mir mitgeteilten Vertraulichkeiten immer ausgedrückt hatten. Der Kontrast zwischen der Realität und ihrer Verzerrung durch verlogene Gerüchte – dies noch verstärkt durch die Presse – schockierte mich so heftig, dass ich manchmal das Gefühl hatte, ich sei kurz davor, den Verstand zu verlieren.

Auch wenn die Wahrheit schlussendlich ans Licht kam, verbrachte Bruder Mikhaël doch zwei Jahre im Gefängnis; zuerst in »la Santé« in Paris, dann in »la Châtaigneraie« in Celles-Saint-Cloud.* Wenn ich ihn besuchte, versuchte ich, meine Verunsicherung nicht zu zeigen, doch er spürte sie, und so war er derjenige, der mich tröstete. Für den kleinen Kern von Brüdern und Schwestern, die entschlossen waren, dem Sturm standzuhalten, war es eine schreckliche Zeit. Man muss zugeben, dass Bruder Mikhaël nicht leicht zu verteidigen war. Er dachte, er brauche keinen Anwalt, weil er ja unschuldig sei, und er war davon überzeugt, dass eine kurze Ermittlung rasch seine Unschuld beweisen würde. Ich erinnere mich an seine Fassungslosigkeit und Traurigkeit, als er mir eines Tages bei meinem Besuch sagte: »Der Anwalt, der mir geschickt wurde, hat mir mitgeteilt, ich würde die Höchst-Strafe bekommen, wenn ich nicht einwilligte, mich verteidigen zu lassen.«

Also akzeptierte er einen Anwalt, aber das löste nicht alle Probleme. Als Ausländer hätte er jederzeit als »auf französischem Territorium unerwünscht« angesehen und abgeschoben werden können. Er wäre dann nach Bulgarien zurückgeschickt worden, wo er angesichts der politischen Situation den schlimmsten Gefahren ausgesetzt gewesen wäre. Die einzige Lösung für ihn war es, den Status der Staatenlosigkeit zu bekommen.

Ich habe seither oft gedacht, dass das, was wie ein Unfall des Schicksals erscheinen mag, letztlich nichts anderes ist, als die exakte Übertragung einer tieferen Realität. Ein Meister, ein Eingeweihter, ist auf der Erde immer »staatenlos«: Durch sein Leben, seine Philosophie und sein Ideal hört er nie auf, uns zu sagen, dass seine

---

* Der Meister wurde am 28. September 1960 rehabilitiert.

wahre Heimat oben ist. Und trotz all dem, was er in unserem Land erlitt, hat seine Liebe zu Frankreich nie nachgelassen. Er pflegte uns manchmal zu sagen: »Frankreich ist die Wiege des neuen Lebens. Ihr werdet sehen: Von Frankreich aus wird sich die Lehre der Universellen Weißen Bruderschaft in der ganzen Welt verbreiten.«

So vergingen zwei Jahre, die dieses wunderbare Leben und diese einzigartige Bestimmung auch hätten zerstören können. Aber er entstieg dieser Prüfung mit dem gleichen Geist, mit der gleichen Liebe wie zuvor. Wie Blätter, die sich unter einem Gewittersturm beugen und danach erfrischt wieder aufstehen, kam er noch lichtvoller zu uns zurück. Er verzieh und sagte, dass ihm seine Feinde gutgetan hätten, indem sie ihn dazu zwangen, immer noch mehr Kraft in sich selbst zu suchen. Eine übernatürliche Schönheit hatte Besitz von ihm ergriffen, denn ein Schmerz, der ohne Auflehnung ertragen wird, formt ein Gesicht, lässt es leuchten, so wie die Sonne manchmal die Furchen der Erde vergoldet und dabei zauberhafte Formen und Farbnuancen entstehen lässt.

Diese harte Zeit hat uns gezeigt, wie die göttliche Liebe eines Menschen bei anderen, niederträchtigen Menschen manchmal Hass erweckt, und wie das Licht die Dunkelheit hervorruft… Das ist ein fatales Gesetz, von dem der Meister nicht verschont blieb. Er war zu rein, zu wunderbar. Er kam aus Bulgarien, aus den Bergen, die er so oft bestiegen hatte, und er war wie von der Luft der Gipfel durchtränkt. Was er den Menschen geben wollte, wurde von einigen missverstanden, falsch interpretiert und sogar beschmutzt. Gerade das, was das Außergewöhnlichste an ihm war, nämlich seine Selbstlosigkeit und seine Reinheit, waren angegriffen worden.

Bevor er von seinem Meister Peter Danov nach Frankreich geschickt wurde, hatte dieser ihn mit folgenden Worten gewarnt: »Ich habe einen Edelstein, der ist so groß wie ein Ei und von unschätzbarem Wert. Ich werde ihn einem außergewöhnlichen Menschen anvertrauen, der ihn auf einem Weg, der von Abgründen und Schluchten gesäumt ist, transportieren muss. Er wird dunkle Wälder mit Räubern und wilden Bestien zu durchqueren haben. Um ihn zu schützen, damit er sein Ziel heil erreichen kann und ihm dieser Stein nicht genommen wird, müssen sowohl er als auch der Edelstein mit Schlamm beschmutzt und unter viel Müll getarnt werden. Auf diese Weise wird er den Gefahren entkommen. Eines Tages werden dieser außergewöhnliche Mensch und der Edelstein, den er mit sich führt, an ihrem Ziel ankommen. Dann werden sie gewaschen und in all ihrem Glanz erstrahlen.«

Diese schmerzhaften Jahre hatten mich sehr aufgerieben. Die Ereignisse waren so unvorhersehbar gekommen, dass es mir danach schien, als könnten überall Gefahren lauern. Und ich war in ständiger Sorge um Bruder Mikhaël. Ohne es zu wollen, beobachtete ich alle Neuankömmlinge und fragte mich, ob nicht auch sie die noch unsichere Stabilität bedrohen würden. Ich konnte mich nicht zurückhalten und warnte ihn. Aber den Instinkt der Angst wies er mit aller Kraft von sich, und so erwiderte er: »Schwester Renée, man weiß nie, wo und von wem die Gefahr kommen wird. Der Schein trügt oft. Wenn wir anfangen, die Angst zu dulden, müssen wir logischerweise vor allem und vor jedem Angst haben, und dann tun wir gar nichts mehr. Ist es das, was Sie wollen? Nicht ich wähle die Leute, die in die Bruderschaft kommen. Sie kommen und ich akzeptiere sie. Ich weiß nicht, warum sie kommen und sie selbst wissen es oft auch nicht! Aber was soll ich tun? Für mich sind sie Seelen, die aufgeklärt werden sollen, und ich vertraue dem Himmel.«

Ein anderes Mal, als ich ihn wieder einmal anflehte, vorsichtig zu sein, wurde er ärgerlich und sagte: »Schwester Renée, ich dachte, dass wenigstens Sie mich verstehen können. Aber nein, Sie wollen, dass ich mich in Sicherheit bringe. Und dann? Was werde ich erreichen? Und was glauben Sie, mir beizubringen? Dass die Menschen unbewusst, grausam, undankbar und böse sein können? Das weiß ich besser als Sie. Aber ich weiß auch, dass sie zum Besten und zum Schlimmsten fähig sind, und dass ich, um ihnen zu helfen, den Bestien in ihrem Inneren, die bereit sind, sich auf mich zu stürzen, um mich zu verschlingen, entgegentreten muss. Das ist meine Arbeit. Man muss das Recht, Seelen zu retten, sehr teuer bezahlen. Schauen Sie sich das Leben Jesu und das Leben aller großen Meister der Menschheit an...« Ich hörte seinen Worten aufmerksam zu und versuchte, sie mir einzuprägen.

Wenn ich später sah, wie Brüder und Schwestern sich von der Bruderschaft entfernten, weil sie von dem damaligen Skandal erfuhren, oder wie sie bei gewissen Zeitungsartikeln um ihren eigenen Ruf oder auch nur um ihre eigene Ruhe besorgt waren, konnte ich nur großes Mitleid und manchmal auch, das muss ich gestehen (und es sei mir verziehen!), ein wenig Verachtung für sie empfinden. Da ist ein Mensch, der bereit ist, jedes Opfer zu bringen, um ihnen zu helfen. Ein Mensch, der Schmach und Gefängnis durchlitten hat, dessen Name bei der erstbesten Gelegenheit in der Presse weiter beschmutzt wird, und er erträgt es nicht nur, sondern setzt sein Werk der selbstlosen Liebe unerschütterlich fort. Sie hingegen, die nichts außer den wenigen Unannehmlichkeiten eines öffentlichen Geredes riskieren, machen sich Sorgen, fürchten um sich selbst und verlassen ihn, anstatt aufrecht und fest an seiner Seite zu stehen. Aber es ist wahr, dass sogar der Apostel Petrus Jesus verleugnet hat, aus Angst, selbst verurteilt zu werden.

Eines Tages kam mir in der Meditation ein Bild, das mir die Arbeit des Meisters am besten auszudrücken schien: das Bild des Goldgräbers, das er selbst uns gegeben hat. Was für ein undankbares, langweiliges Leben ist das Leben des Goldgräbers! Viele Tage lang sucht er die Tiefen der Erde ab, oder er siebt den Sand der Flüsse... Es ist sehr selten, dass er eine Ader findet, und oft findet er gar nichts... Doch welche Freude, wenn er einige Goldpartikel entdeckt! Ein spiritueller Meister weiß, dass tief im Inneren des Menschen Gold verborgen ist. Er deckt den Weg zu diesem Gold auf, und versucht, ihn seinen Schülern zu offenbaren.

Gegen Ende des Sommers 1958 kündigte uns der Meister an, dass er bald nach Indien aufbrechen werde. Er würde dort ein Jahr lang bleiben. Er bereitete uns auf diese lange Abwesenheit vor, wie ein besorgter Vater, der bei seiner Rückkehr alle seine Kinder wiederfinden will. Er weiß, dass er sie verändert vorfinden wird, und er hofft, dass sie erwachsener, stärker und weiser geworden sind.

Vor seiner Abreise, am 11. Februar 1959, hinterließ er uns diese schriftliche Nachricht:

Geliebte Brüder und Schwestern der Universellen Weißen Bruderschaft,

an diesem Ort, Izgrev, in Frankreich, beauftrage ich die unsichtbaren Wesen der Natur, die Vögel, die Bäume, die Gegenstände und alle Dinge, durch die Verpflichtung, die ich ihnen gab, Übermittler zu sein für die Kräfte der Inspiration und des Schutzes für euch alle.

Mögen die Sonnenaufgänge von unsichtbaren Wesen geleitet werden, die euch umgeben und beschützen, die zu euch sprechen und euch führen auf dem aufsteigenden Pfad der göttlichen Evolution.

Seid vereint durch die Liebe, die jede Handlung, jedes Wort und jeden Gedanken fruchtbar macht! Ich bin nicht hier, und doch bin ich immer hier.

Ein Wesen, das höher ist als ich, nimmt euch unter seinen Schutz.

Lebt euer irdisches Leben auf göttliche Weise, Halleluja!

Was für ein schöner Text! Es war wie ein königliches Edikt. Ein höherer Wille ließ uns in die lebendige Harmonie der Natur eintreten, machte uns zu Brüdern und Schwestern der Bäume und Vögel, und die Abwesenheit des Meisters würde durch die wachsame Gegenwart lichtvoller Wesen der unsichtbaren Welt gefüllt werden.

Wie oft habe ich diesen Text gelesen! Es schien mir, als ob über uns eine riesige Kristallkathedrale gebaut werden würde, in der sich die Sonnenstrahlen in viele Farben brechen.

Manchmal war diese lange Abwesenheit jedoch schwer zu ertragen, und obwohl ein Meister seine Schüler nie verlässt, fühlten wir uns ein wenig wie Waisenkinder. Ich suchte ihn durch den weiten Raum hindurch. Manchmal schrieb er und ich folgte seinen Reisen auf einer großen Karte Indiens. Wie oft zeichnete mein Blick den Verlauf des Ganges nach! Ich versuchte, mich an alles zu erinnern, was ich über dieses Land, seine Tempel, seine Paläste, aber auch seine Städte mit ihren überbevölkerten Stadtteilen wusste und stellte mir vor, wie er alle diese Orte durchquerte…

Er machte offensichtlich die gleichen Erfahrungen wie so viele andere Reisende jener Zeit, die die Pracht und das Elend Indiens entdeckten. Eines Tages musste er eine Brücke überqueren, auf der zu beiden Seiten dicht aneinander gedrängt Bettler lagen oder sich in einem erbärmlich leidenden Zustand dahinschleppten. Alle waren verkrüppelt, verstümmelt, entstellt, und ihr Stöhnen verursachte eine endlose Geräuschkulisse. Er verteilte alle Münzen, die er, wie immer, mitgenommen hatte und tastete sich inmitten dieser albtraumhaften Visionen weiter vorwärts. Als er das Ende der Brücke erreicht hatte, weinte er.

Er blieb auch eine lange Zeit im Himalaya und ich erinnere mich an diesen Brief, den wir an einem Sommertag im Bonfin erhielten. Als wollte er uns etwas von dem reinen Licht und dem ewigen Schnee der Bergspitzen vermitteln, rief er die Gipfel an, die er aus der Umgebung von Darjeeling sehen konnte:

Tirsul, wie der Dreizack Neptuns,

Du bist fähig, die Mächte des Bösen zu verjagen und zu bekämpfen...

Nanda-Devi, immer jungfräulich und rein

in unberührt weißem Schnee.

Nanda-Koth, wie eine uneinnehmbare Festung...

Pantchuli, Symbol der heiligen Zahl der fünf Tugenden Christi...

Nanda-Bunthi, verhüllt mit ihrem Tuche,

wie eine Braut, die auf ihren Geliebten, die Sonne, wartet,

und sich vor anderen verschleiert...

Nanga-Parbath, Du mysteriöser und heiliger Ort!

Mount Everest, erhabenster und höchster Gipfel der Welt,

Symbol des geistigen Zieles, das wir in unserem Leben zu erreichen haben!

Als er zurückkam, spiegelte sich in seinen Augen noch lange der Glanz dieser Bilder. Vor allem in den ersten Tagen schweifte sein Blick oft hinaus aus dem Fenster von Izgrevs kleinem Speisesaal, und es war, als sähe er uns nicht mehr, als kehrte er zurück an jene schwer zugänglichen Orte. Das wirkte auf uns sowohl großartig als auch etwas verstörend, denn wir hatten das Gefühl, er sei noch nicht wirklich wieder bei uns. Es war, als könnten wir ihn, dort wo er war, nicht erreichen. Doch nach und nach holten ihn die üblichen Sorgen und Anliegen der Bruderschaft wieder ein, und sein Blick erreichte uns schließlich wieder. Doch zu welchem Preis für ihn?...
Hatte er sich wirklich verändert? Ja und nein. Oft habe ich gedacht, dass vor allem diese Abgeschiedenheit in der Einsamkeit und in

der reinen Luft der Gipfel ihn zu dem werden ließ, was er wirklich war. Seine Ähnlichkeit mit Meister Peter Danov war ausgeprägter geworden, aber sie lag mehr im Gesichtsausdruck als in den Gesichtszügen. Eines Tages, als ich ihn hinsichtlich dieser Ähnlichkeit befragte, antwortete er: »Das werden Sie später verstehen. Es braucht dazu viel Liebe und ein großes Wissen.« Er fügte nichts hinzu, und ich wagte es nicht, weitere Fragen zu stellen.

Ich habe Meister Peter Danov nie kennengelernt, denn ich hatte mich der Gruppe der französischen Brüder und Schwestern, die 1939, kurz vor dem Krieg, nach Bulgarien reiste, nicht anschließen können. Und danach waren die Grenzen geschlossen. Aber ich habe ihm oft geschrieben und erinnere mich an einen Brief, in dem ich ihm mitteilte, wie traurig ich war, ihn nicht persönlich treffen zu können. Er wies den Sekretär, der mir antworten sollte, an: »Sagen Sie ihr, dass sie mich eines Tages sehen wird!« Und der Sekretär hatte hinzugefügt: »Mein Meister hat diesen Satz mit einem Lachen ausgesprochen.« Das machte mich natürlich nachdenklich. Als er ein paar Jahre später, im Jahre 1944, die Erde verließ, ahnte ich nicht, in welcher Hinsicht sich diese Ankündigung verwirklichen würde.

Und was war nun in Indien geschehen? Wir werden es wahrscheinlich nie genau wissen. Unser Meister erzählte uns von dieser Reise, von den Regionen, durch die er kam, den Aschrams, die er besuchte, den vielen Menschen, die er traf. Er begegnete Ma Ananda Moyi, Nityananda Maharaji, Shivananda, Anagarika Govinda und auch dem Avatar aus dem Himalaya, Maharaji Neem Karoli Babaji, einer sehr mysteriösen Persönlichkeit…

Viele, die in seine Nähe kamen, bezeichneten ihn als einen Meister der Liebe. Auf den Straßen wurde er um seinen Segen gebeten, denn die Orientalen erkennen die spirituelle Dimension eines Menschen besser als wir.

Doch wie interessant die Geschichten auch waren, die er bei seiner Rückkehr erzählte, um unsere Neugierde zu befriedigen, fühlten wir dennoch, dass sich das Wesentliche anderswo, nämlich im Reich des Unaussprechlichen, befand. Später sagte er zu uns: »An den Orten, die ich besucht habe, habe ich nie aufgehört, an euch zu denken und zu euch zu sprechen. Ich habe alle meine Entdeckungen mit euch geteilt. Eines Tages werdet ihr sie in euch verborgen finden. Manche von euch haben bereits begonnen, einige dieser Nachrichten zu empfangen.«

Vor seiner Rückkehr hatte ich immer befürchtet, ihn nicht wiedersehen zu können. Als er zurückkam, hatte er das Gesicht eines Patriarchen, das seltsamerweise an das seines Meisters erinnerte. Da verstand ich endlich, warum Meister Peter Danov mir Jahre zuvor durch seinen Sekretär mitteilen ließ: »Sagen Sie ihr, dass sie mich eines Tages sehen wird.«

Niemals werde ich den Tag vergessen, an dem wir ihn am Flughafen von Orly abholten… sein Lächeln, seine erhobene Hand… Es war, als ob er uns segnete. Er sprach ein paar Worte, und seine noch wohlklingendere Stimme war wie eine Quelle im Moos. Seine Ausstrahlung zwang die Reisenden stehenzubleiben, und einige von ihnen stellten uns Fragen.

Wenn ich die Atmosphäre dieser aufregenden und geheimnisvollen Zeit wiederfinden möchte, rezitiere ich in der Stille ein wunderschönes tibetisches Gedicht, das der Meister während des Vortrags vom 2. Januar 1966 in Izgrev vorgelesen hat:

Betrachte nun das zarte Licht,
Das den Horizont im Osten erleuchtet.
Zum Zeichen des Lobpreises vereinen sich Himmel und Erde,
Und aus den offenbarten vierfachen Kräften erhebt sich ein Liebeslied,
Zwischen loderndem Feuer und fließendem Wasser,
Zwischen duftender Erde und wehendem Wind.
Höre!…
Lausche, auf den tiefen, unergründlichen Wirbel
Dieses goldenen Lichts,
In dem der Siegreiche badet.

Höre auf die wortlose Stimme der ganzen Natur.
Die, mit ihren tausend Akzenten, verkündet:
»Freude sei euch zuteil, ihr Menschen im Jammertal!
Ein Pilger ist vom anderen Ufer zurückgekehrt,
Ein Vollendeter wurde geboren, ein neuer Zweimal-Geborener.«
Die ganze Natur vibriert mit freudigem Erschauern und ehrfürchtigem Gefühl:
Der Silberstern funkelt die Nachricht an den nächtlichen Bach,
Der Bach schwingt die Geschichte an die Kiesel,
Die Wellen des Ozeans sagen es den gischt-umgürteten Felsen,
Die duftenden Brisen singen es den Steinen,
Und die majestätischen Kiefern murmeln es geheimnisvoll:
Ein Meister hat sich erhoben, ein Meister des Tages,
Ein Retter der Welt.
OM TAT SAT
(Sanskrit)

Immer mehr Menschen kommen in die Bruderschaft und der Meister, den sie entdecken, ist natürlich nicht mehr ganz derselbe, den wir vor zwanzig oder dreißig Jahren kennengelernt haben. Die Bedingungen sind heute ganz anders. Im Jahr 1957, während des zweimonatigen Sommerkongresses im Bonfin, kamen ein paar Dutzend Brüder und Schwestern für einen kurzen Aufenthalt. Jetzt, wo ich diese Zeilen schreibe, kommen mehr als Tausend, und der Meister ist sehr beschäftigt mit all den Terminen, um die er gebeten wird, und mit all der Post, die er erhält. Er kann jedem Einzelnen von uns nicht mehr so nahe sein und nicht mehr so viel Aufmerksamkeit schenken wie früher.

Als wir noch sehr wenige waren, kümmerte er sich sogar auch noch um das, was mit unseren Nachbarn geschah. Damals sprach er eines Tages mitten während des Essens Schwester Raymonde an. Sie war unsere Köchin und die Frau von Bruder Jean. Er sagte zu ihr: »Bruder Jean erzählte mir von einer Familie, die kürzlich hier in der Nachbarschaft eingezogen ist. Der Vater ist Alkoholiker und die Mutter hat große Schwierigkeiten, ihre Kinder zu ernähren. Sagen Sie den Kindern, sie sollen jeden Tag mit Essens-Behältern zu uns kommen, um Essen mit nach Hause zu nehmen.«

Nichts war ihm gleichgültig oder fremd: Kochen, Gartenarbeit, Feldarbeit oder Renovierungsarbeiten… Er kam immer wieder an allen Orten vorbei und erinnerte uns z.B. daran, niemals Wasser, Strom, Heizung, Lebensmittel usw. zu verschwenden. In einem Raum, in dem die Wände neu gestrichen wurden, erklärte er, wo man mit der Arbeit beginnt und wie man einen Pinsel hält. Und in der Küche zeigte er einer ungeschickten Frau, wie sie mit ihrem Messer umgehen sollte, um eine Kartoffel zu schälen... Eines Tages wurde ich im Bonfin Zeuge einer sehr originellen Szene. Ich ging mit ihm den Weg hinauf in Richtung seines Hauses, als wir an einer jungen Schwester vorbeikamen, die versuchte, ihre Bluse, die voller kleiner Falten und mit Spitze eingefasst war, zu bügeln. Der Meister sah ihr einige Sekunden lang zu und fragte dann: »Soll ich Ihnen zeigen, wie man das macht?« – »Ja, ja«, antwortete die junge Schwester, ein wenig überrascht. – »Bringen Sie mir ein Glas Wasser.« Er nahm ein bisschen Wasser daraus und sprühte es auf die Bluse, gekonnt, wie mit einer Sprühflasche. Dann machte er sich daran, die Falten und Spitzen mit einer unglaublichen Geschicklichkeit zu bügeln. Nach ein paar Sekunden stellte er das Bügeleisen ab und sagte zu der Schwester: »Jetzt dürfen Sie weitermachen.«

Als er endlich einen Eisschrank in seinem Chalet hatte, bat er um alle nötigen Zutaten für die Zubereitung von Eiscreme. Dann lud er von Zeit zu Zeit Kinder in seinen Garten ein und kam mit einem Tablett, auf dem viele kleine Becher standen, die mit Vanille- und Erdbeereis gefüllt waren. Dieses stellte er vor den Kindern ab und sagte: »Lasst es euch schmecken!« Danach ging er weg, um die Brüder und Schwestern zu empfangen, die ihn um einen Termin gebeten hatten. Als ich ihm gegenüber eines Tages anmerkte, dass ihn dies sicher viel Zeit koste, antwortete er lachend: »Gott allein weiß, was aus diesen Kindern werden wird und was sie von ihrer

Zeit in der Bruderschaft behalten werden! Wenigstens werden sie sich daran erinnern, dass sie in meinem Garten Eis gegessen haben.«

Damals, als er noch mehr Zeit zur Verfügung hatte, ging der Meister auch manchmal auf dem Gelände herum, um zu sehen, ob die Brüder und Schwestern gut untergebracht waren oder um den Fortschritt der verschiedenen Arbeiten zu begutachten. Was für eine Überraschung war das, wenn er plötzlich auftauchte! Unsere Hände erhoben sich zur Begrüßung, und seine Hand antwortete uns in gleicher Weise, als würde er uns segnen. Er streichelte die Wange eines Kindes, das ihn anlächelte, und ging weiter... Wir hatten den Eindruck, dass die ganze Natur an diesen Begegnungen teilnahm; dass auch sie etwas davon empfing. Sein warmes Licht gab uns Kraft und Freude. Manchmal kam er, beladen mit den Früchten seines Obstgartens. Mit wenigen Worten legte er sie ab und entfernte sich wieder.

Der Meister liebte es, immer etwas zu geben, so als wäre das Geben eine Erweiterung seiner Worte. Natürlich hatte er bald nicht mehr genug Zeit, um Eis für die Kinder zu machen, aber er verschenkte eine Frucht, eine Blume, einen Kristall, ein Stück Quarz oder einen anderen Stein. Was diese Dinge für uns zu einem so wertvollen Geschenk machte, war unsere Wahrnehmung, dass er sie uns nicht um ihrer selbst willen gab. Vielmehr waren sie wie eine Form, in die er einen Gedanken, ein Gefühl, ein lebendiges Wesen hineingelegt hatte, das dem Empfänger Hilfe und Unterstützung brachte.

Eines Tages kam eine Schwester zurück in die Bruderschaft, und vertraute mir Folgendes an: »Vor zehn Jahren hatte ich drei Tage im Bonfin zugebracht. Der Meister hatte mich empfangen, und mir am Ende, als er mich verabschiedete, herrliche Trauben geschenkt. Die Jahre vergingen und ich erlebte große Schicksalsprüfungen. Eines Tages, als ich gerade wirklich am Rande der Verzweiflung war, tauchte das Bild dieser Trauben aus den Tiefen meines Gedächtnisses wieder auf. Ab diesem Moment erinnerte ich mich immer deutlicher an das, was mir der Meister zu jener Zeit, während unseres Gespräches, gesagt hatte. Beim Gespräch war ich nämlich nicht sehr aufmerksam gewesen, weil ich kein besonderes Problem hatte, für das ich Hilfe brauchte. Ich hatte damals noch keine Ahnung, wie nützlich die Ratschläge, die er mir gab, für mich werden würden.«

Der Meister empfindet großes Mitgefühl für alles menschliche Leid, obwohl er es nicht so offen zeigt, weil er überzeugt ist, dass man den Menschen nicht hilft, wenn man sie bemitleidet. Er weiß, dass es besser ist, ihnen die psychischen und spirituellen Mittel zu geben, die es ihnen ermöglichen, ihre Prüfungen zu überwinden.

In den 1950er Jahren kam ein armenischer Flüchtling in die Bruderschaft. Er hatte während des Zweiten Weltkriegs, bei dem er seine gesamte Familie verlor, in der Roten Armee gekämpft. Es war spürbar, dass die erlebten Tragödien ihn noch immer verfolgten. Wir waren an diesem Tag in Izgrev etwa zehn Brüder und Schwestern und der Meister sprach wie gewohnt nach dem Mittagessen... Offensichtlich fühlte er plötzlich eine besondere Not im Blick dieses Bruders und fand, dass es jetzt Zeit war, ihm zu helfen. Er unterbrach seine Rede, wandte sich an ihn und bat ihn zu erzählen, was er während des Krieges an der russischen Front erlebt hatte. Mit großen Schwierigkeiten und einer dumpfen, gebrochenen Stimme begann der Bruder seinen Bericht über geplünderte und niedergebrannte Dörfer, Massaker, Morde, Entführungen, Vergewaltigungen, und er beschrieb so all die Gräuel, die er selbst miterlebt hatte.

Die Augen des Meisters waren geschlossen und seine Schultern beugten sich, als würde er die Last all dieser Gräueltaten auf sich nehmen. Vielleicht erinnerte er sich auch an das, was er selbst als Kind erlebt hatte, als sein Heimatdorf in Mazedonien Schauplatz ganz ähnlicher Tragödien war... Wir hörten wie versteinert zu. Von Zeit zu Zeit hielt der Bruder inne… Der Meister ließ einige Augenblicke verstreichen, dann schaute er ihn mit großer Güte an und sagte zu ihm: »Weiter, Bruder, weiter.« Dann erzählte dieser von den mit Verwundeten und Toten übersäten Schlachtfeldern, von der durch eine Typhus-Epidemie heimgesuchten Bevölkerung und so weiter.

Am Ende war die Atmosphäre so beklemmend geworden, wir waren so überwältigt und schockiert, dass der Meister etwas tat, was er wahrscheinlich nie wieder getan hat: Er ließ eine alte Flasche Branntwein aus der hintersten Ecke eines Küchenschranks holen und lud uns zum Trinken ein, um Kraft und Trost zu schöpfen. In den folgenden Tagen konnten wir feststellen, wie sehr die Tatsache, dass er auf diese Weise sprechen konnte, diesen Bruder teilweise von den Albträumen, die er noch in sich trug, befreit hatte.

In dem fortgeschrittenen Alter von inzwischen 85 Jahren, in dem ich diese Zeilen schreibe, kann ich zurückblicken und all das ermessen, was der Meister und seine Lehre mir gebracht haben.

Damals, kurz nach der Abheilung meiner Venenentzündung und parallel zu meiner Arbeit in einer Werkstatt für Theaterkostüme, hatte ich auch meine Arbeit als Schauspielerin wieder aufgenommen. Ich spielte die Rolle der »Junie« in Racines »Britannicus«. Wir kamen zu den letzten Aufführungen, und nach einigem Zögern wagte ich es, den Meister zu bitten, bei der letzten dabei zu sein, um mich spielen zu sehen.

Als ich ihn nach dem Theaterstück wieder traf, sah er sehr ernst aus. Nach einem langen Schweigen sagte er zu mir: »Schwester Renée, ich weiß, dass ich Sie um etwas sehr Schwieriges bitten werde. Natürlich sind Sie frei in Ihrer Entscheidung, aber wenn Sie mir vertrauen, werden Sie meinen Rat befolgen. Ich habe Ihnen heute Abend aufmerksam zugehört und zugesehen und ich habe in Ihrem Spiel gespürt, dass Sie nicht in der Lage sind, sich zu schonen und dass Sie dies auch nie lernen werden. Sie sind zu intensiv, zu leidenschaftlich, und wenn Sie so weitermachen, wird Ihr Herz sehr bald krank werden. Wenn Sie glauben, dass das, was ich von Ihnen verlange, von dem echten Wunsch getragen ist, Ihnen nützlich zu sein, dann haben Sie heute Abend zum letzten Mal gespielt.«

Es fühlte sich an, als würde alles in mir und um mich herum zusammenbrechen. Ich liebte die Schauspielerei so sehr! Ich liebte die Sprache der Autoren, die die Komplexität der menschlichen Gefühle so wahrhaftig und schön ausdrücken. Mir gefiel auch die kameradschaftliche Atmosphäre, die zwischen den Schauspielern herrschte. Was für eine Leere würde dieser Verzicht in mir hinterlassen! Der Meister sah meinen aufgewühlten Zustand und sagte: »Natürlich wird es am Anfang schwierig sein, aber Sie werden bald sehen, dass Sie nicht mehr leiden, sondern andere Reichtümer entdecken werden.« Diese Worte bewahrheiteten sich – mehr, als ich es je erwartet hätte.

Wo sind die Jahre, in denen ich mein Leben verschwendete? Heute ist jede Sekunde so kostbar, dass ich sie zurückhalten möchte. Jede Sekunde enthält die Ewigkeit... Was ich jetzt entdecke, ist so viel bedeutungsvoller, schöner und prächtiger als alles, was ich in meinem Beruf als Schauspielerin je erlebt habe! Nach und nach verstand ich auch, dass das Wichtigste im spirituellen Leben die Beharrlichkeit ist, die Disziplin, die wir uns täglich selbst auferlegen. Wie der Wassertropfen, der immer wieder auf die gleiche Stelle des Felsens fällt, und ihn dadurch aushöhlt, so überwindet die Beständigkeit unserer Bemühungen, die tägliche Wiederholung ganz einfacher Übungen, die der Meister uns gegeben hat, unsere inneren Hindernisse. »Versucht nicht, zu schnell vorwärtszukommen«, sagte er, »sondern macht unermüdlich weiter... Geht vorwärts, auch mit kleinen Schritten, aber bleibt nicht stehen, lasst euch nicht entmutigen.«

Und nun möchte ich berichten, was für mich eine der außergewöhnlichsten Erfahrungen war, die uns zeigt, was das Vertrauen in einen Meister bewirken kann.

Wie bereits erwähnt, hatte ich damals Angst, den Meister nicht mehr von Indien zurückkehren zu sehen. Diese Unsicherheit, in der ich lebte, hatte nach und nach meinen Organismus erfasst und zu einer sehr ausgeprägten Wassereinlagerung geführt, die mich wie eine Frau aussehen ließ, die im letzten Monat schwanger war. Ich, die ich die Anmut und Schönheit so liebe, fand mich nun dermaßen unansehnlich, dass ich darunter nicht nur körperlich, sondern auch seelisch sehr litt. Was da mit mir passierte, zeigte mir auch, dass ich nicht in der Lage gewesen war, nach den Gesetzen der Harmonie zu leben.

Als der Meister wieder da war, sagte er mir, dass ich wieder gesund werden würde. Ich glaubte es kaum, denn die Monate vergingen und die Schwellung nahm weiter zu. Bald fuhr er in die Schweizer Berge und lud mich ein, ihn zusammen mit einer anderen Schwester zu begleiten, die ihn mit dem Auto nach Sèvres zurückbringen sollte. Der Winter neigte sich dem Ende zu, aber es war noch kalt und alles war mit Schnee bedeckt. Ich wagte mich hinaus, auf einen sehr schmalen Pfad, der an einem Abgrund entlangführte; man konnte in der Ferne einen Teil des Tales sehen, und dort stand eine alte Bank, auf die ich mich setzte, um zu beten und zu meditieren. Doch nach einiger Zeit schlief ich ein, und ich weiß nicht, wie lange ich dort so gewesen bin.

Als ich die Augen wieder öffnete, sah ich den Meister auf einer Bank in der Nähe sitzen. Er sagte zu mir: »Endlich wachen Sie auf, Schwester Renée! Ich beobachte Sie schon eine Weile. Dieser Ort ist gefährlich, Sie hätten hinunterfallen und in diesen Abgrund stürzen können. Warum sind Sie hierhergekommen?« Diese außergewöhnliche Sorge des Meisters verursachte in mir einen Schreck und eine plötzliche Bewusstwerdung. Von diesem Augenblick an beschloss ich, meinen Zustand zu akzeptieren, nicht mehr in Gedanken der Traurigkeit und Entmutigung zu schwelgen, sondern von Tag zu Tag nach Gottes Willen zu leben und mich an die erhabenen Worte des Buddha zu erinnern: »Vergiss dich, gib dich hin.«

Im darauffolgenden Sommer hatte ich im Bonfin noch immer große Schmerzen, aber ich zeigte es nicht. Ich lachte mit den jungen Menschen, die mich umgaben, und machte sogar Witze über mein Aussehen. Eines Tages sagte der Meister zu mir: »Haben Sie Vertrauen, Sie werden bald geheilt sein.« Er gab mir Wasser zu trinken, das er magnetisiert hatte, und sagte: »Betrachten Sie es als Wasser, das von den höchsten Gipfeln stammt und trinken Sie es bewusst und mit Liebe.«

Der September kam und Michaeli stand kurz bevor. Ich hatte mein Ich immer mehr abgegeben, alles dem Herrn anvertraut, die Krankheit beiseitegelassen und es war ein Gefühl des Friedens in mich eingezogen. Dann endlich geschah die Heilung. Nach einer Punktion, bei der ich elf Liter Wasser ausschied, wachte ich am nächsten Tag vollkommen gesund auf.

In allen brüderlichen Zentren gibt es die Gelegenheit, bei Sonnenaufgang zu meditieren. Doch wenn Brüder und Schwestern in den Bonfin kommen, werden ihnen die Sonnenaufgänge, die sie zusammen mit dem Meister auf dem Felsen[1] erlebt haben, gewiss besonders in Erinnerung bleiben. Er sagte zu uns: »Gewöhnt euch an, diese Übung zu machen. Ihr sitzt beim Sonnenaufgang und wartet auf den ersten Lichtstrahl. Wenn dieser erscheint, versucht ihr, ihn zu trinken, ihn einzuatmen. Auf diese Weise trinkt ihr die Sonne, anstatt sie nur anzuschauen. Dieses lebendige Licht verbreitet sich in allen Zellen eurer Organe, es reinigt und belebt sie.«

Er sagte weiter: »Durch die Luft gelangen die Sonnenstrahlen bis zur Erde, dringen in sie ein und kondensieren sich nach und nach. Die Sonne produziert also Gold im ätherischen Zustand, aber dessen Verdichtung kann nur im Inneren der Erde geschehen, wo sich Elemente befinden, die es fixieren können. Wenn wir am Morgen die Sonne aufgehen sehen, sind wir eine Art Erde, in der sich das Gold ihres Lichts absetzt.«

Während die Sonne am Horizont höher steigt, färben sich die Hügel zusehends violett und golden. Einige vom Meer kommende Möwen ziehen mit ihren typischen Schreien über uns hinweg. Der Gesang der Zikaden wird bald das Zirpen der Grillen ablösen, und das bunte, in den Felsspalten wachsende Gewürzkraut Portulak wird seine leuchtenden Blüten öffnen.

Am Ende des Sonnenaufgangs, nachdem wir die Atemübungen gemacht haben, wendet sich der Meister uns zu. Manchmal spricht er auch, und seine riesige Aura überflutet uns wie die Sonne mit seiner Ausstrahlung. Er schaut zum Himmel und flüstert: »Gott schenkt uns einen weiteren schönen Tag... Wie könnten wir nicht dankbar sein? Wir sind in ein Meer von Energien eingetaucht, und die Strömungen des neuen Lebens zirkulieren um uns herum. Wir müssen lernen, daraus zu schöpfen, um gemeinsam eine neue Welt zu erschaffen.« Wenn er dann aufsteht, betrachtet er erneut den Himmel und die Hügel in der Ferne. Es ist, als würde er, ohne eine Bewegung zu machen, die Arme nach diesem All ausstrecken, um es zu umfassen und in seinem Herzen die gesamte Natur zu umarmen. Er wünscht sich, dass alle Menschen auf der Welt jeden Morgen den Sonnenaufgang sehen können. »Stellt euch vor, dass sie sich in jedem Augenblick eines Tages überall nacheinander vom Licht der Sonne durchdringen lassen. So wie die Sonne die ganze Erde nach und nach mit ihrem Licht erhellt, wird dann auch überall das Bewusstsein aller Menschen durchlichtet werden und ein goldenes Zeitalter bricht an.«

Vom letzten Sommer hat sich mir das Bild eines Paares eingeprägt, das nach dem Sonnenaufgang vom Felsen herunterkam. Zuerst die junge Mutter mit ihrem zweijährigen Sohn auf dem Arm, dessen Kopf sich an ihren Hals schmiegte. Das lange Haar fiel ihr auf die Schultern, ihr reines Gesicht glich dem einer Madonna, und die soeben in der Meditation beim Sonnenaufgang verbrachten Momente verliehen ihrem Gesicht noch eine zusätzliche Sanftheit. Der Vater folgte ihr auf dem schmalen Pfad und hielt den anderen, sechsjährigen Sohn bei der Hand.

Jahrelang hatte sich dieses junge Paar* schon mit den Worten des Meisters umgeben und ihn oft sagen hören, wie ernsthaft wir vorgehen sollen, bevor wir Kindern das Leben schenken. Sie wussten, dass die Empfängnis und die Schwangerschaft eines Kindes als heilige Handlungen zu betrachten sind, und dass zukünftige Eltern, wenn sie sich richtig darauf vorbereiten, fortgeschrittene Seelen anziehen können, die in der Lage sind, die Zukunft der Menschheit zu lenken. In ihrer Harmonie und Einfachheit schienen mir diese Eltern, die mit ihren kleinen Kindern vom Sonnenaufgang kamen, das zu verkörpern, was der Meister sich für die ganze Menschheit wünschte.

Eine andere Begebenheit: Eines Sommers kamen Journalisten in den Bonfin, um eine Reportage zu schreiben. Sie kamen mit der Vorstellung, das werde ein gutes Geschäft, eine Geschichte, die Geld einbringe: Ein Magier mit weißem Bart und seine überspannten Anhänger… Nachdem sie einen Tag mit uns verbracht hatten, haben sie ihre Meinung geändert. Ich zitiere die wenigen Zeilen am Ende ihres Artikels: »Ich bin mir nun sicher, dass diejenigen, die diesen Hügel erklimmen, um den Sonnenaufgang zu sehen,

---

* 25 Jahre lang hat dieser Bruder den größten Teil der Vorträge des Meisters aufgenommen.

Respekt verdienen. Seit ich sie verlassen habe, bin ich nachdenklich geworden... Ist dort, hinter mir, eine Wahrheit? Wie werde ich das wissen können? Eines aber ist sicher: Ich habe dort nur glückliche Menschen gesehen, und während ich mein Auto starte, denke ich an sie, die singen: ›Izgreva slantseto‹ (Die Sonne geht auf).« *

»Die Sonne geht auf«... An meinem 80. Geburtstag lud ich ein Dutzend junger Brüder und Schwestern, meine beiden Neffen und auch meine Cousine Marie-Claude Vaillant-Couturier zu einer Geburtstagsfeier in mein Haus in Paris ein. Marie-Claude war die Frau von meinem Cousin ersten Grades, dem Politiker und Journalisten Paul Vaillant-Couturier, der 1937 verstarb. Natürlich schauten meine jungen Freunde mit Neugierde und auch mit ein wenig Scheu auf diese charakterstarke Frau, die einen wichtigen Platz in der kommunistischen Partei Frankreichs innehatte. Sie war während des Krieges in die Konzentrationslager Auschwitz und Ravensbrück deportiert worden und deshalb 1945 dann beim Nürnberger Prozess als Zeugin gerufen worden. Das Gespräch zwischen den jungen, begeisterten Anhängern des Meisters und dieser politischen Figur, die, zumindest dem Anschein nach, weit entfernt von jeglicher spiritueller Beschäftigung war, hätte auch schwierig werden können. Aber bei dem Treffen ging es eben gerade um den Sonnenaufgang. »In den Lagern«, so erzählte meine Cousine, »wurden wir gezwungen, sehr früh aufzustehen, und, wenn der Himmel klar war, sahen wir die Sonne aufgehen.« Dann beschrieb sie auf sehr einfache, aber ergreifende Weise, was ein Sonnenaufgang für all die Opfer der Gräueltaten in den Lagern bedeuten konnte. Über den verwahrlosten Baracken und den Stacheldrahtzäunen erschienen Licht, Schönheit und Leben, und für viele war dies der einzige Anblick, der ihrer Existenz noch einen Sinn geben konnte. Ich erinnere mich, dass am nächsten Tag ein junger Bruder, der von dieser Beschreibung des Sonnenaufgangs über einem Konzentrationslager sehr ergriffen war, zu mir sagte: »Wir sehen im Bonfin die Sonne über

* Die ersten Worte eines Liedes von Meister Peter Danov.

den Bergen des Esterel (Mittelgebirge in Südfrankreich) aufgehen, die Landschaft ist großartig, wir sind frei, der Meister ist bei uns, und deshalb wissen wir es gar nicht so sehr zu schätzen. Um zu verstehen, was er meint, wenn er über die Bedeutung der Sonne und des Lichts spricht, müssten wir vielleicht alles verlieren und nur noch sie haben, so wie die Gefangenen in den Lagern.« Einen Augenblick lang sah er sehr nachdenklich aus...

Im Bonfin nahm der Meister jahrelang alle drei Mahlzeiten mit uns zusammen ein und offenbarte uns durch das Essen in der Stille die Bedeutung der Ernährung. »Wir essen, um das Leben zu empfangen, das Gott in die Nahrung hineingelegt hat. Die Nahrung besitzt das Leben, aber wir werden nur dann wirklich davon profitieren, wenn wir lernen, bewusst mit Liebe und Dankbarkeit zu essen. Durch eine gedankliche Arbeit können wir der Nahrung ebenfalls ihre subtilsten Elemente entnehmen, um damit auch unsere Seele und unseren Geist zu ernähren.«

Vor den Mahlzeiten singen wir, und die Harmonie der schönen Lieder, die Meister Peter Danov komponiert hat, hilft uns, Harmonie in uns und zwischen uns zu schaffen. Der Meister sagt: »Wenn wir singen, durchwirken wir die Nahrung mit spirituellen Teilchen, die anschließend zur Bildung unserer feinstofflichen Körper verwendet werden.«

Den größten Teil seiner Vorträge hat der Meister vor oder nach den Mahlzeiten gehalten. Er warf ein Licht auf alles und erklärte, was in den Evangelien gesagt oder auch nur angedeutet wurde. Wir hatten oft das Gefühl, die Ereignisse, die sich vor zweitausend Jahren in Palästina abgespielt hatten, wieder zu erleben. Sind wir nicht auf den Straßen Galiläas, in den Bergen Samarias oder an den Ufern des Tiberias-Sees unterwegs? Wir schließen die Augen und vernehmen im Geiste die göttliche Stimme, die vor der versammelten Menschenmenge das einfachste und schönste aller Gebete lehrt: »Vater unser, der Du bist im Himmel...« Der Meister ließ uns die ganze Tiefe dieses Gebetes entdecken. Und das schönste Geschenk, das er mir machen konnte, war seine Einladung nach Israel, wo er im Frühjahr 1968 von Brüdern und Schwestern empfangen wurde.

Im Olivengarten – Jerusalem – Mai 1968

Im Olivengarten – Jerusalem – Mai 1968

Die Worte des Meisters übermitteln uns einen Elan. Es ist, als sei er ständig bestrebt, uns nach oben zu ziehen, als gehörten wir einer riesigen Seilschaft an. Wir sehen den Gipfel des Berges nicht, wir gehen vorbei an Abgründen und durchqueren dunkle Wälder, aber das Seil, das uns mit ihm verbindet, ist fest und wir schreiten ohne Angst voran. Dieses Bild des Gipfels erscheint in seinen Vorträgen immer wieder: »Steigt in Gedanken zu den höchsten Gipfeln auf. Jeder von ihnen schwingt in einer anderen Wellenlänge, die speziell für eine bestimmte Mission vorbereitet ist. Indem wir uns auf einen bestimmten Gipfel konzentrieren, gehen wir eine Beziehung mit ihm ein, und er vermittelt uns etwas von seinem Leben und seiner Kraft. Dies umso mehr, wenn wir selbst aus der Ferne unsere Hand nach ihm ausstrecken können.« Von den Eingeweihten sagt er auch, dass sie Gipfel seien, die ihre Energien über uns ergießen, um uns zu beleben. Und er gab die folgende Definition von Einweihung: »Sie ist eine Offenbarung, die man auf dem Gipfel eines Berges empfängt.«

Der Meister ist nicht nur ein Wesen, das uns durch seine Worte unterweist, sondern durch ihn wirkt eine ganze Schar großer Seelen, denen er den Weg öffnet. Er ist wie eine Windharfe, die bei jedem Hauch, bei jeder Präsenz mitschwingt und durch die sich das Leben offenbart. Er besitzt diesen Rhythmus, diese Harmonie, diese Vielfalt, was seine Gedanken immer neu wirken lässt, auch wenn er unermüdlich dieselben Grundwahrheiten wiederholen muss, bis wir schließlich ganz von ihnen durchdrungen werden. Er ist ein himmlischer Maler. Wenn wir ihm zuhören, sehen wir, wie eine Landschaft vorbeizieht, deren Elemente vielleicht dieselben sind, sich aber durch das Spiel des Lichts immer wieder verändern. Ein Ort, der zuvor im Schatten lag, wird plötzlich erhellt und wir erkennen aus der Ferne ein Detail, das uns bisher verborgen war, jedoch fortan zu unserer inneren Landschaft gehören wird.

So verbringen wir unsere Tage mit der Entdeckung immer größerer Räume, die unsere Seele bereist. Wenn jeder in sein Zelt oder in sein Zimmer zurückkehrt, erscheinen am Himmel schon die ersten Sterne und die Zikaden schweigen. Wir hören nur noch das vertraute Quaken einer Kröte, die ihre zarten, beruhigenden Noten moduliert und den Gesang der Grillen, der nun bis zum Morgengrauen andauern wird. Ein Leuchtkäfer leuchtet in einem der wenigen Grasbüschel, und manchmal schwirren Glühwürmchen wie kleine Blitze durch die Kiefern. Den Bäumen entströmt ein fast betäubender Duft. Die von uns bewässerte Erde riecht so gut! Mit der Nacht breitet sich eine köstliche Frische aus und im Chalet des Meisters brennt noch Licht…

Manchmal, wenn die Nacht klar ist und der Mistral nicht bläst, bittet der Meister darum, Holz für ein Feuer vorzubereiten. Schweigend bilden wir einen Kreis um die Feuerstelle. Bald kommt auch der Meister. Langsam zeichnet er mit seinem Stock ein Pentagramm in die Luft, dann drei große Kreise. Es ist, als würde er durch diese einfache und feierliche Geste die Konstellationen berühren, sie aufmerksam machen, und als würden sich die konzentrischen Wellen, die er so erschaffen hat, bis zu den Enden des Universums ausbreiten. Schließlich entzündet er das Feuer, grüßt es und segnet es. Eine intensive Stille kehrt ein. Wir hören nur noch das Knistern der brennenden Äste. Die hohen Flammen steigen gerade zum Himmel oder beugen sich, als wollten sie uns mit in ihren Reigen ziehen. Wir singen... Der Meister sagt ein paar Worte über das Feuer, das Symbol des Lebens und der Liebe. Wie schön ist es, seine Stimme in dieser sternenklaren Nacht zu hören, während das Holz nach und nach in Flammen aufgeht!

Wenn das Feuer nur noch aus Glut besteht, nähern wir uns der Feuerstelle und strecken unsere Hände nach ihr aus. Wir sprechen Gebete, singen, und es fühlt sich so an, als würden sich alle Engelshierarchien zu unseren Stimmen gesellen. Unsere Liebe erreicht ihre Liebe und erhebt sich bis in die höchsten Höhen des Himmels. Es sind gesegnete Abende. In uns wohnen Freude und Frieden und die Arbeit des heiligen Feuers wird noch in uns weiter verrichtet, während wir schlafen. Ich höre die Stimme des Meisters in der Stille der Nacht widerhallen: »Alle heiligen Bücher haben ihren Ursprung in jener Bibel, die die Natur ist, in den ewigen Schriften, welche die Sterne und Sternbilder in den Raum zeichnen.«

Bei den Männern und Frauen, die zu ihm kommen, betrachtet der Meister nur eine Sache: Was ist ihr Ideal? Wenn er sieht, dass ein Mensch wirklich von dem Wunsch beseelt ist, sich zu vervollkommnen und auf dem Weg des Lichts voranzuschreiten, dann zeigt er ihm gegenüber eine unendliche Geduld, entschuldigt seine Fehler und Abstürze und ermutigt ihn unaufhörlich. Natürlich finden ihn viele anspruchsvoll und erleben es als schwierig, ihm zu folgen. Der Grund dafür ist, dass er uns immer weiterbringen und unser Bewusstseinsfeld ständig erweitern will. Und wenn er uns überrascht und manchmal sogar drängt, dann nur deshalb, weil ihm nichts fremder und unerträglicher ist als Unbeweglichkeit und Stagnation. Eine amerikanische Schwester, die die Welt der Schauspielerei in den Vereinigten Staaten gut kannte, erzählte mir einmal, dass er sie an Ariel, den Geist der Luft, in Shakespeares The Tempest erinnere. Es stimmt, dass in ihm etwas von der Mobilität der Luft steckt. Auch wenn er stillsitzt, spürt man hinter seiner Unbeweglichkeit die Bewegung eines intensiven, immer neuen Lebens.

Der Meister hat Tausende von Mahlzeiten mit uns geteilt und Tausende von Vorträgen gehalten. Wie viele Stunden werden wir in seiner Gegenwart verbracht haben, und wie viele Stunden werde ich dieses Gesicht, das voller Licht ist, betrachtet haben! Mein einziger Kummer ist, dass ich in dem Alter, das ich erreicht habe, ihm kaum noch helfen kann, und es gibt doch so viel zu tun! Was kann ich jetzt noch tun, außer zu beten? Ich habe mir oft Fragen über die Wirksamkeit meiner Gebete gestellt... Aber vor nicht allzu langer Zeit erzählte mir eine Schwester, dass der Meister ihr einmal sagte: »Schwester Renée ist eine der wenigen Personen, die wirklich zu beten wissen.« Und das allein tröstet mich, weil ich ihm so noch nützlich sein kann.

Anmerkung des Herausgebers: Nun folgt die deutsche Übersetzung eines Briefes, den der Meister am 30.5.1955 an Schwester Renée geschrieben hatte:

Liebe Schwester Renée,

seit Sie abgereist sind, ist eine Leere im Bonfin zurückgeblieben, obwohl wir Sie ständig hier anwesend fühlen. Kürzlich setzte ich mich wieder mit dem Rücken zum Wohnwagen (so wie wir eben dort in der Meditation und in der größten und außergewöhnlichsten Stille zusammensaßen) und konnte Sie sehr deutlich spüren.
Ich hoffe, Ihre Reise ist gut verlaufen und war für Sie nicht zu ermüdend? Und ich hoffe, dass Sie alle Freunde und vor allem die Schwestern Ihres kleinen »Reiches« getroffen haben.

Ich erwarte voller Ungeduld Ihre Nachrichten!

Ihr Brief, den Sie mir in letzter Minute zugesteckt haben, spiegelt die unendliche Schönheit und Güte Ihrer Seele!
Ich habe Sie immer verstanden und geschätzt, aber dieser Brief hatte etwas Göttliches und zutiefst Poetisches, das jenseits der Zeilen lag.

Liebe Schwester Renée, vielleicht habe ich mehrmals (vergeblich und um Sie auf die Probe zu stellen) einige negative und entmutigende Bemerkungen über Sie zu äußern versucht, aber nichts kann die Natur Ihrer Seele ändern! In Ihnen ist etwas zutiefst und dauerhaft »Christliches«, etwas, das man weder in den Palästen noch in den Seminaren oder Universitäten erlangen kann! Etwas Mystisches, Tiefes, Geheiligtes. Bleiben Sie so, wie Sie sind!
Sie waren bewundernswert, als Sie mir antworteten: »Vielleicht zählt das vor dem Himmel?« Und ich sage Ihnen tausendmal: »Ja! Und wie!«
Die spirituelle und göttliche Liebe wird für immer unser Ideal und unser Ziel bleiben, trotz unserer Feststellungen, unserer Überlegungen, unserer Traurigkeiten!
Ist es nicht so, dass das Leben daraus bestehen soll, zu

geben, zu geben, zu leiden, sich zu befreien und Opfer zu bringen, um zur Vollkommenheit zu gelangen und damit dem Wunsch des Herrn zu entsprechen?

Geben Sie Schwester »A«, Schwester »B« und anderen, die ich nicht nennen möchte, noch eine »Chance«! Durchtrennen Sie nicht die Brücken mit Schwester »C«, versuchen Sie, sie zu erinnern, sie zum Nachdenken zu bringen, damit sie abwägen kann, was sie in der Welt der Vergnügungen gewinnen wird, und was sie gewinnen würde, wenn sie die Meisterschaft über sich selbst erlangen könnte!
Der Jugend wird es niemals an Freude, an Freundschaft, an einer Ehe in der Welt mangeln. Was den jungen Menschen Angst macht, ist, dass sie denken, wenn sie sich der Lehre weihen würden, müssten sie auf alles verzichten! Das ist falsch! Das wird nur von sehr wenigen Menschen auf der Erde verlangt!
Im Gegenteil, die jungen Menschen, die nachdenken, werden alle reinsten und edelsten Freuden besitzen. Gott ist Liebe! Er ist weder eifersüchtig noch geizig noch grausam! Er weiß, was wir brauchen, Er hat uns erschaffen! Aber das wird von den jungen Menschen nicht richtig verstanden!
Es ist Ihre edelste Aufgabe, es ihnen anhand Ihres eigenen, großartigen Beispiels zu erklären!

Sie können sich also noch um ... kümmern. Es gibt vielleicht noch eine Chance, dass ihre höhere Natur sich offenbart? Ich habe in meinen Gedanken die besten Gefühle für alle. Damit niemand verloren geht!

Empfangen Sie, liebe Schwester Renée, alle meine besten, brüderlichsten und herzlichsten Gedanken!

Ihr Bruder Mikhaël

Anmerkung

1. Der »Felsen« ist ein sanfter Hügel aus Felsgestein nahe des Bruderschaftszentrums »Le Bonfin« in Südfrankreich. Er ist auf den Fotos auf Seite 153 und 168 in diesem Buch abgebildet. Detaillierte Informationen und Anleitungen zur Meditation beim Sonnenaufgang finden Sie im Band 10 der Reihe Gesamtwerke »Sonnen-Yoga« und in der Broschüre 323 »Meditationen beim Sonnenaufgang«.

Frida Théodosy
(1890 - 1982)

Frida Théodosy wurde 1890 in Russland geboren. Von Kindheit an zeigte sich ihre starke Neigung zur Musik und zum Gesang. 1905 verlor sie ihren Vater. Das politische Klima wurde zunehmend bedrohlicher, und um den Wirren der bolschewistischen Revolution zu entkommen, beschloss ihre Mutter, Russland zu verlassen. Sie ging mit Frida und der jüngeren Schwester Irene nach Frankreich. Frida erhielt weiterhin Klavier- und Gesangsunterricht. Sie lernte bei renommierten Lehrern, wurde schon bald zu einer erfolgreichen Opernsängerin und hatte unter anderem die Gelegenheit, bei ihren Auftritten zusammen mit dem bekannten Opernsänger Schaljapin zu singen.

Nachdem sie 1939 Bruder Mikhaël begegnet war, gab sie ihre Opernkarriere nach und nach auf und unterrichtete etwa vierzig Jahre lang Gesang. Dabei ließ sie sich von der Philosophie und den Methoden der Universellen Weißen Bruderschaft inspirieren.

Begegnung mit dem Meister Omraam Mikhaël Aïvanhov und Entdeckung der Lieder von Meister Peter Danov

1939 veränderte ein großes Ereignis mein Leben und das meiner Schwester Irene. Wir hatten das Privileg, Bruder Mikhaël zu begegnen, bei dem wir sofort fühlten, dass es sich um einen Meister handelt… Sobald ich anfing, seiner Lehre zu folgen, fand eine außergewöhnliche und vollständige Verwandlung in mir statt. Meine Augen öffneten sich für eine unendlich große, leuchtende und wahrhaftige Welt. Und ich entdeckte auf ganz einfache Weise, wie man in der Freude, im Frieden und im Licht leben kann.

An einem Tag des Jahres 1939 teilten mir Freunde mit, dass ein Schüler des bulgarischen Meisters Peter Danov, der seit einem Jahr in Paris lebe, mich gerne treffen würde, weil er Künstler zusammenbringen wolle. Warum speziell die Künstler? Weil er glaubte, dass wahre Künstler, jene mit einem sehr hohen Ideal, die Fähigkeit haben, die Menschheit auf dem Weg des Lichts voranzubringen.
An diesem ersten Abend, den ich mit ihm verbrachte, bat er mich, zu singen. Ich interpretierte einige russische Melodien. Als ich fertig war, sagte er zu mir: »Sie haben drei Stimmen in Ihrer Stimme.« Ich war überrascht von dieser Bemerkung, und habe auch nie genau herausgefunden, was sie bedeutete. »Ich schenke meine Stimme«, antwortete ich spontan, »ich schenke sie, um einer sehr hohen Sache zu dienen.« – »Nein«, entgegnete er, »Sie sollten nicht Ihre Stimme schenken, sondern nur Ihre Lieder. Denn wenn man den Baum hergibt, kann man hinterher keine Früchte mehr verschenken.« Und er lud mich und meine Begleiter ein, eines der Lieder von Meister Peter Danov zu erlernen.
Meister Peter Danov spielte Geige, und auf seiner Geige komponierte er die Lieder, die das Repertoire der Bruderschaft ausmachen. Bis dahin war mir die Existenz dieser Lieder völlig unbekannt gewesen, und ich begann sofort, sie zu studieren. Sie waren sehr vielfältig. Man spürte darin ihre slawische Tonalität und Inspiration. Mir wurde erklärt, dass es besser sei, sie nur auf Bulgarisch zu

singen, weil Meister Peter Danov die Entsprechungen zwischen der Schwingung der Worte und der sie tragenden Musik kannte. Gerade diese Entsprechung verleiht ja der gesungenen Musik ihre Kraft. Geniale Komponisten erfassen dies ganz intuitiv.

Zeitgenössische Musiker, die eine sehr komplexe Instrumentalmusik gewohnt sind, werden diese Lieder vielleicht als zu einfach, zu naiv und sogar als der Folklore zu ähnlich empfinden. Aber weit gefehlt! Nach einem tieferen Studium entdeckt man darin einen großen Reichtum. Diese Lieder sind schlichtweg magisch... Meine Erfahrung von nun mehr als dreißig Jahren erlaubt es mir, dies zu behaupten.

Wir waren damals eine Handvoll Brüder und Schwestern, die einen kleinen Chor mit ein paar Solisten gründeten, der diese Lieder bei den Treffen der Bruderschaft zu singen begann. Später entstand dann ein großer Chor mit Hunderten von Sängern.

Gleich nachdem ich Mitglied der Universellen Weißen Bruderschaft geworden war, gab ich regelmäßig Gesangsunterricht für Brüder und Schwestern, die mit Bruder Mikhaël in einem Pavillon in Sèvres lebten. Eines Tages war ich etwas früher im Unterrichtsraum angekommen. Ich lehnte mich zum Fenster hinaus und sah, als ich in den Garten blickte, Bruder Mikhaël, der mit mehreren von ihnen am Tisch saß und eine Mahlzeit einnahm. Damals hatte ich keine Ahnung, was geistige Meister wirklich sind. Ich wusste nur, dass sie außergewöhnliche Kräfte besitzen, und so stellte ich mir naiv vor, dass sie nicht essen, trinken oder schlafen mussten... Deshalb war ich sehr überrascht. Um nicht indiskret zu sein, ging ich vom Fenster weg und wartete auf meine Schüler.

Einen Augenblick später öffnete sich die Tür des Raumes und der Meister trat ein. Er setzte sich neben mich und sagte: »Auch Meister müssen essen, trinken und schlafen wie alle anderen.« – Wie hatte er nur meine Gedanken aufgefangen? – Und er fuhr fort, mir zu erklären: »Der Unterschied zwischen den geistigen Meistern und den anderen Menschen besteht darin, dass sie sich lange darin geübt haben, ihre Instinkte, ihre Gefühle, ihre Gedanken zu beherrschen und auf diese Weise eine sehr hohe Bewusstseinsebene erreicht haben.«

Bei einer anderen Gelegenheit sagte er zu mir: »Wahre Wunder bestehen nicht darin, die Menschen zu heilen, denn wenn sie geheilt sind, machen sie erneut die gleichen Fehler und werden wieder krank. Wahre Wunder liegen in der Heilung der Seelen, indem man ihnen das Licht gibt, damit sie nicht mehr sündigen. Wahre Wunder werden vollbracht, wenn man die Menschen lehrt, Hass in Liebe zu verwandeln. Musik und Gesang können dabei helfen.«

Die Worte des Meisters begeisterten mich, aber am meisten beeindruckte mich die Tatsache, dass er selbst das lebendige Beispiel dessen war, was er zu uns sagte. Er hat nie aufgehört, Integrität, Aufopferung und uneigennützige Liebe zu verkörpern.

Richtungsänderung

»Gottes Wege sind unergründlich«, wiederholte der Meister oft. Tatsächlich wurde mir nach einigen Jahren klar, dass der Himmel ein unendlich und unvergleichlich besseres Schicksal für mich vorbereitet hatte, als wenn ich meine Karriere als Sängerin weiterverfolgt hätte. Mir wurde immer mehr bewusst, dass die Leidenschaften und Instinkte, die in der Oper am häufigsten angeregt werden, nicht etwas wirklich Edles und Spirituelles in der Seele der Zuschauer erwecken können.

Eines Tages betrachtete ich rückblickend das umfangreiche Repertoire, das ich in mehreren Sprachen gesungen hatte... Dieser Tag war für mich entscheidend. Adieu ihr Opern, aber auch ihr Romanzen voller Traurigkeit und Melancholie, die ich so sehr geliebt hatte. All die Bitterkeit der Enttäuschungen, die Klagen über verlorene oder ungeteilte Liebe, die Trostlosigkeit gebrochener Herzen und verwelkter Blumen! Je mehr sich mein Bewusstsein erweiterte, desto mehr entdeckte ich, wie schädlich für mich der Einfluss vieler Werke war, die ich interpretiert hatte. Selbst wenn ich sie nur anhörte, erweckten sie in mir eine tiefe Traurigkeit, die fast dazu führte, dass mir das Leben nicht mehr lebenswert erschien.

Deshalb beschloss ich, meinem Leben eine neue Richtung zu geben. Durch den Krieg wurde das Reisen immer schwieriger, und so ließ ich die Bühne und alle meine Radioauftritte hinter mir, um mich ganz dem Unterricht zu widmen. Als Erstes erstellte ich eine Synthese von all dem, was ich bei meinen verschiedenen Gesangslehrern gelernt hatte.

Ich beschloss auch, dem Studium der mystischen Lieder von Meister Peter Danov viel mehr Zeit zu widmen. Mir wurde immer mehr die Notwendigkeit bewusst, der Öffentlichkeit eine spirituelle Nahrung anzubieten; und es ist vor allem die Vokalmusik, die diese Mission übernehmen muss. Tatsächlich ist die Sprache, wenn sie mit einer Melodie verbunden ist, sehr mächtig. Nur wenige Menschen sind sich ihrer Bedeutung bewusst! Worte, die schöne Gedanken und schöne Gefühle hervorrufen, hinterlassen unauslöschliche Spuren in der Seele, und das umso mehr, wenn sie mit einer reinen Melodie verbunden sind.

Schwester Frida

Am Ende jedes Treffens, das aus Vorträgen und Mahlzeiten bestand, ließ der Meister seit Jahren Musik vorspielen. Er wählte dazu jene Werke aus, die am besten dazu geeignet waren, uns zu inspirieren, zu erheben und zu reinigen. Es war sein Ziel, uns in unserer spirituellen Entwicklung zu helfen, und dank der Musik erzog er uns mit Hilfe der Werke der größten Genies. Er lehrte uns, wie wir diese Werke hören können, während wir durch unsere Gedanken die harmonischsten und kraftvollsten Bilder erschaffen. Er wies immer auf die schöpferische Macht der Vorstellungskraft hin. Getragen von der Musik, erbauten wir dank dieser Bilder unsere Zukunft.

Die Kunst des Singens
im Lichte der Einweihungswissenschaft

Im Vergleich zu der großen Zahl vollkommener Instrumentalisten gibt es nur wenige vollkommene Sänger. Warum? Weil das Instrument des Sängers sein physischer Körper ist, den er perfekt beherrschen muss. Was für eine Arbeit an Zwerchfell, Lunge und Hals! Er muss die totale Freiheit des Kehlkopfes erlangen, um seine Stimme so leicht lenken zu können, wie ein Autofahrer sein Auto. Aber diese Meisterschaft ist nur möglich, wenn der Sänger auch lernt, seine Gedanken und Gefühle zu kontrollieren, mit anderen Worten, wenn er ein spirituelles Leben führt. Unter dieser Bedingung wird seine Stimme ausgeglichen.

Was ist eine ausgeglichene Stimme? Es ist eine »vollständige« Stimme. Inspiriert von der Philosophie des Meisters Omraam Mikhaël Aïvanhov, können wir sagen, dass es eine Stimme ist, an der der Intellekt (Gedanke), das Herz (Gefühl) und der Wille (Handeln) beteiligt sind. Eine solche Stimme entfaltet sich in allen drei Dimensionen: in der Höhe (Gedanken), der Tiefe (Herz) und der Breite (Handeln).

1. Die Tiefe wird durch die Luftsäule erreicht, welche sich auf das Zwerchfell stützt, ohne während des Singens diese Stütze je zu verlieren. Wenn diese Tiefe fehlt, ist die Stimme nicht stabil.

2. Die Breite wird durch die Entspannung der Kehlkopfmuskulatur und die Flexibilität des Kiefers erreicht.

3. Die Höhe wird durch den Zugriff auf die Resonanzräume des Kopfes erreicht.* Es ist die Beherrschung des Atems, welche es der freien Stimme ermöglicht, diese Resonanzräume zu erreichen.

Schwester Frida

* Für einen Sänger bestehen diese Resonanzräume aus allen Knochenhöhlen, die sich oberhalb des Kehlkopfes befinden.

Das Endziel jedes Tones ist der »Himmel«, die Spitze des Kopfes: das Zentrum Gottes. Dieses Zentrum entspricht dem, was die indischen Yogis »Sahasrara-Chakra« nennen. Um dieses Zentrum zu erreichen, muss der Sänger seine eigene Stimme »trinken«. Dadurch gibt die fest auf dem Zwerchfell abgestützte stabilisierte Luftsäule den Stimmbändern, welche gewissermaßen die Funktion von »Dienern« haben, alle Handlungsfreiheit. Indem sie sich den Befehlen der Seele und des Geistes unterwerfen, werden sie klare und weite Klänge erzeugen. Sänger, die singen, während sie den Atem anhalten, so als ob sie versuchen würden, während des Singens die Luft einzuatmen, nennen diesen Prozess »auf dem Atem singen«. Dies ist die Kunst der italienischen Gesangstechnik »Belcanto«, die wie »ein Bogen auf der Saite« ist: Die menschliche Stimme wird zum virtuosen Instrument.

Es ist hier nicht möglich, die Gesangstechnik im Detail zu erklären. Ich möchte nur hinzufügen, dass die Lehre uns wertvolle Hinweise gibt, um ihren gesamten Reichtum zu nutzen. Als wir uns in den ersten Anfängen der Bruderschaft im Wald von Marly versammelten, um am Sonnenaufgang teilzunehmen, machten wir nach der Meditation die Atem- und Gymnastikübungen, die in uns die wohltuende Wirkung der Sonne verstärkten. Und wir sangen auch. In diesen Morgenstunden, mit nüchternem Magen, waren unsere Stimmen immer klar, frisch und dynamisch. Was für eine Freude, in der reinen Morgenluft zu singen!

Eines Tages, als wir gerade gesungen hatten, sagte Bruder Mikhaël zu uns: »Sucht als geistige Schüler vor allem das, was euch erziehen kann. Wenn eine wissenschaftliche oder künstlerische Disziplin euch nicht erzieht, lasst sie beiseite. Das Leben des Menschen ist nur sinnvoll, wenn er danach strebt, sich selbst zu vervollkommnen, um auf das tiefe Sehnen seiner Seele zu antworten. Gelingt ihm dies, so wird er auch seinen Nächsten damit helfen. Woran erkennt man einen guten Musiker, einen guten Sänger? An der Tatsache, dass diejenigen, die ihm zuhören, nicht nur eine Emotion empfinden, sondern vielmehr von einer Kraft erfasst werden, die sie dazu drängt, für das Gute zu wirken.«

Ich habe viel darüber nachgedacht, was Meister Peter Danov und Meister Omraam Mikhaël Aïvanhov über die Musik und den Gesang gesagt haben. Die folgenden Gedanken habe ich ihren Büchern entnommen.

Gedanken von Meister Peter Danov

»Als in der Morgenröte des Universums die Engel im Himmel erwachten, stimmten sie einen Gesang an, und damit begann die Schöpfung. In einem tiefen Verständnis der göttlichen Gesetze erschufen die Engel das Universum unter der Autorität des Geistes. Deshalb finden wir in der Musik die großen Gesetze der Schöpfung wieder. Der Geist Gottes wirkt musikalisch. Man kann sagen, dass die Musik, die sich aus der Harmonie der Zahlen ergibt, die materialisierte Bewegung des Geistes darstellt.«

»Die Musik rührt an die tiefsten Regionen des Wesens, sie ist die Atmung des Bewusstseins. Durch die Musik offenbart sich uns die Seele der Welt.«

»Musik wird im Allgemeinen als eine Kunst studiert, die in erster Linie den Erwerb einer bestimmten Technik erfordert. Aber als Technik ist die Musik eine Sache, und als organisierte Naturgewalt ist sie eine andere. Es reicht also nicht aus, die Noten einer Partitur zu respektieren, um wirklich zu singen oder zu spielen. Wer singt oder spielt, muss in der Lage sein, alle Fasern seiner Seele zum Schwingen zu bringen, damit der ganze Raum musikalisch schwingt.«

»Die Fähigkeiten der Musik sind immens. Wenn die Menschen eine echte Arbeit an sich selbst ausführen wollen, um einer Generation ins Leben zu helfen, die in der Lage ist, der Welt etwas wirklich Neues zu bringen, so müssen sie die Musik, im weitesten Sinne des Wortes, an die Basis der Erziehung stellen.

Der Sänger der Zukunft ist derjenige, der in der idealen Welt Bilder schafft, die als Grundlage für eine neue Kultur dienen. In diesem Sinne sind Sängerinnen und Sänger Pioniere der Kultur der Zukunft. Das gegenwärtige Leben wird von den Sängern der Vergangenheit bestimmt; die heutigen Sänger werden die Formen des zukünftigen Lebens bestimmen.«

»In der Natur strömen alle Lebewesen Schwingungen aus, die sich wie musikalische Wellen verbreiten. Deshalb können wir sagen, dass alles in der Natur Musik ist.«

Meister Peter Danov

»Es genügt nicht, wenn die Musik im Menschen nur Gefühle erweckt, sie muss in ihm auch das Bedürfnis wecken, schöpferisch zu sein.«

»So wie die Luft, die wir atmen, für die Reinigung des Blutes notwendig ist, ist die Musik für die Reinigung der Gedanken und Gefühle unerlässlich. An dem Tag, an dem ihr erkennt, was Musik wirklich ist, wird sie in euch leben und eure Gedanken, Gefühle und Handlungen organisieren.«

»Es gibt Lieder, die den Menschen auf den Gipfel seines eigenen Wesens führen, wo er die Offenbarung über den Sinn und die Schönheit des Lebens erhält. Wer wenigstens einmal einen solchen Gesang gehört hat, wird ihn nie wieder vergessen.«

»Ein großer Sänger, ein großer Musiker zieht leuchtende Wesen aus der unsichtbaren Welt an, die kommen, um sich durch ihn auszudrücken. Die Schwingungen dieser Wesen dringen in ihn ein und setzen dann ihre Reise durch den Raum fort, wo sie überall einen positiven Einfluss ausüben. Noch stärker ist ihre Wirkung auf diejenigen, die an einem Konzert teilnehmen: Sie gehen nicht nur eine Beziehung zum Künstler ein, sondern auch zu den unsichtbaren Wesen, die er angezogen hat.«

»Wahre Musik kann nur von denjenigen ausgehen, die in ihren Herzen einen Altar errichtet haben, auf dem die Engel Gott ihre Lieder darbringen. Wo es Musiker gibt, die es verstanden haben, ähnliche Altäre in ihren Herzen zu bauen, brennt das heilige Feuer der Liebe. Dort werden heilige Hymnen als Opfer dargeboten. Dies ist der Dienst an Gott durch die Musik.«

»Das musikalische Gefühl im Menschen übt einen Einfluss auf sein Denken aus. Je musikalischer er entwickelt ist, desto mächtiger ist sein Verständnis. Ohne Musik kann es kein richtiges Denken geben. Aber mit Musik meine ich hier natürlich eine innere Realität. Wenn der Mensch die Musik in sich selbst verwirklicht hat, denkt er richtig. Jeder rechte Gedanke steht für eine richtige Harmonie der Töne.«

»Der Mensch singt und spielt Musik, um mit dem Bewusstsein der Natur und der höheren Welt der Vernunft in Verbindung zu treten. Danach muss er daran denken, anderen Wesen zu erlauben, von dem so erworbenen Reichtum zu profitieren. Deshalb ist es für alle spirituellen Gesellschaften unerlässlich, ihre Arbeit mit der Musik zu beginnen und zu beenden. Sie zieht nicht nur die harmonischen Kräfte der Natur an, sondern auch die Aufmerksamkeit spiritueller Wesen von sehr hoher Musikalität. Diese Wesenheiten kommen herab, um an ihren Arbeiten teilzunehmen, und bevor sie wieder gehen, hinterlassen sie ihnen etwas Kostbares.«

»Wer die Musik als tiefe Manifestation des Seins versteht, strebt danach, in das Singen und Musizieren seine Seele hineinzulegen. Aber auf diese Weise zu musizieren und zu singen, das erfordert, dass er gelernt hat, an seinem ätherischen Körper zu arbeiten, damit dieser sowohl beim Singen seinen Kehlkopf durchdringt als auch beim Spielen sein Instrument. Nur dank dieser Arbeit am ätherischen Körper, der die Materie seines physischen Körpers oder seines Instruments beseelt und belebt, gelingt es ihm, den Zuhörern die Schwingungen seiner Seele zu vermitteln.«

»Die Melodie ist ein Ruf der Seele nach Gott. Gottes Antwort ist die Harmonie.«

Gedanken von Meister Omraam Mikhaël Aïvanhov

»Wer mit dem Bewusstsein für die Wirkkräfte der Musik singt oder ein Instrument spielt, ist nie allein: Die ganze Natur singt oder spielt mit ihm.«

144

»Wenn ihr wüsstet, welche Auswirkungen die Lieder des Meisters auf eure feinstofflichen Körper haben können, würdet ihr den ganzen Tag lang singen. Auch alleine würdet ihr singen. Ihr würdet singen, wenn ihr glücklich seid, aber auch, wenn ihr unglücklich seid, z.B. weil andere euch Leid zufügen oder weil alles schiefgeht. Ihr würdet denken: »Ich bezwinge meine Schwierigkeiten, indem ich singe.« Und falls die Bedingungen es euch nicht erlaubten, laut zu singen, würdet ihr in eurem Kopf singen, um weiterhin Harmonie in eure Gedanken, Gefühle und Handlungen zu bringen. Ihr könnt von morgens bis abends und sogar im Schlaf singen!«

»Nicht jeder kann ein Instrument spielen, aber jeder kann singen. Und wenn der Himmel euch eine schöne Stimme gegeben hat, sagt euch selbst, dass Er euch früher oder später fragen wird, was ihr mit dieser Gabe gemacht habt. Ihr solltet euch nicht damit zufriedengeben, vor anderen aufzutreten, um ihren Ohren zu schmeicheln, sondern euch auch bewusst werden, welche Rolle ihr für das Erwachen der Seelen spielen müsst. Dies bedeutet zuerst, dass ihr durch die Gedanken eine Arbeit an euren Stimmbändern ausführt.«

»Hier ist eine Übung: Stellt euch vor, dass ihr während dem Singen von einem strahlenden Licht umgeben seid und dass euch eine riesige Menschenmenge zuhört… Versucht zu spüren, wie von eurer Stimme reine, kraftvolle Energien ausgehen, die eure Zuhörer durchdringen, worauf sich ihre Herzen öffnen und sich ihre Intelligenz erhellt, so dass sie beschließen, ihr Dasein fortan dem Guten und dem Licht zu weihen. Übt auf diese Weise monatelang, jahrelang, dann wird ein Tag kommen, an dem eure Stimme in den Wesen nur noch ihre höhere Natur, ihr göttliches Selbst erwecken wird.«

»Ihr könnt auch durch den Raum auf die Menschen einwirken, sie trösten, beruhigen und heilen. Wenn ihr beispielsweise wisst, dass einer eurer Freunde leidet, so denkt, ihr wäret neben ihm und würdet für ihn singen. Wählt das Lied, das euch für seinen Zustand am passendsten erscheint und lasst vor eurem geistigen Auge sein Bild entstehen, während ihr singt. Ihr werdet sehen, wie er sich beruhigt und lächelt. Tut dies mehrmals. Wenn ihr den sehr starken Wunsch habt, ihm zu helfen, wird das, was ihr da tut und euch vielleicht unbedeutend erscheint, zu Ergebnissen führen. Natürlich werden die Ergebnisse umso schneller eintreten, je länger ihr euch darin geübt habt, diese Arbeit der weißen Magie auszuführen.«

»Wenn wir singen, setzt sich von der Kehle bis zum Zwerchfell etwas Mächtiges in Bewegung, und die Stimme sprudelt heraus. Deshalb befreit uns das Singen von der Last und den inneren Spannungen. Was wissen wir über die Engel? Sie werden als geflügelte und singende Geschöpfe dargestellt, so wie die Vögel. Der Engel und der Vogel werden mit der Vorstellung von Leichtigkeit, von Fliegen und von Gesang in Verbindung gebracht. Wir müssen singen, um uns von all dem zu befreien, was uns belastet.«

»Durch Meister Peter Danov verstand ich die befreiende Kraft des Singens, nicht nur auf der psychischen Ebene, sondern auch auf der physischen Ebene. Ja, das Singen ist ein Heilmittel gegen Krankheiten. Denn was sind Krankheiten? Lebewesen, die sich in Menschen einnisten und an ihnen festhalten, weil sie in ihnen Unreinheiten vorfinden, von denen sie sich ernähren. Alles, was von unserem physischen Körper sowie von Herz, Verstand, Seele und Geist ungenutzt bleibt, bildet Abfälle, die stagnieren, sich in den Geweben ablagern und so allen schädlichen Keimen, ob physisch oder psychisch, Nahrung bieten. Von wie vielen psychischen Störungen könnten sich die Menschen durch den Gesang heilen! Denn seine Schwingungen lösen eben jene dunklen Wesenheiten auf, die versuchen, sich an ihnen festzuhalten.«

»Singen ist der Ausdruck des Lebens, das Leben selbst ist nichts anderes als ein Lied. Deshalb ist das Singen eine königliche Kunst. Was könnte notwendiger, belebender sein, als der schweren Atmosphäre um uns herum zu entkommen, und in Regionen zu gelangen, in denen alles harmonisch, hell und leicht ist? Indem wir singen, erschaffen wir auch eine Welt der Formen und Farben. Und da wir selbst unser eigenes Instrument sind, erzeugen wir diese Formen und Farben, die wir außerhalb von uns erschaffen, auch in uns selbst. Sie ziehen lichtvolle Wesen an, sie ziehen Engel an, für die sie eine Nahrung sind. Die Engel kommen nur, wenn wir sie durch solche Geschenke anzuziehen wissen.«

»Gemeinsam vierstimmig zu singen, ist ein Akt von großer Bedeutung. Es ist vor allem ein Spiegel, ein Ausdruck auf der physischen Ebene jener Übung, die wir jeden Tag mehrmals täglich tun müssen, um unseren Geist, unsere Seele, unseren Intellekt und unser Herz in Einklang zu bringen. Wir können die vier Stimmen – Bass, Tenor, Alt und Sopran – mit den vier Saiten der Geige (in den Tönen g, d, a, e) vergleichen. Das »g« repräsentiert das Herz, das »d« den Intellekt, das »a« die Seele und das »e« den Geist. Die vier Saiten sind über das Holz der Geige gespannt, das den physischen Körper repräsentiert, und der Bogen stellt den Willen dar, der auf die vier Prinzipien von Herz, Intellekt, Seele und Geist einwirkt.«

»Die harmonische Verschmelzung der vier Stimmen – oder das Spiel auf den vier Saiten – lehrt uns, dass die vier Prinzipien von Herz, Intellekt, Seele und Geist im Menschen in Harmonie schwingen müssen. Warum muss der Geiger immer seine Geige stimmen, bevor er spielt? Das sollte uns daran erinnern, dass wir keine echte innere Arbeit leisten können, wenn nicht unser ganzes Wesen harmonisiert ist. Bevor wir also etwas tun, müssen wir sicherstellen, dass die Saiten unserer Geige gut aufeinander abgestimmt sind.«

Alexandre Delassus
(1907 - 2006)

Alexandre Delassus war von Beruf Vermessungsingenieur, und er war auf allen Baustellen des Bonfins mit dabei. Wenn man ihm unterwegs begegnete, trug er immer irgendwelches Material oder Werkzeug bei sich.

Nichts ließ vermuten, dass er eines Tages seine Freude und sein Staunen über die Begegnung mit dem Meister und der Bruderschaft durch Gedichte zum Ausdruck bringen würde. Auf originelle Weise zeigte er auch in seinen Gedichten, dass man Spiritualität trotz der damit verbundenen Disziplin mit Humor leben kann.

Im ersten Teil und am Ende dieses Berichts sollen einige dieser Gedichte eine kleine Kostprobe davon vermitteln. Sie wurden (so gut es eben möglich war) auf Deutsch nachempfunden, viele Reime gingen aber bei der Übersetzung zwangsläufig verloren:

Ihr, die ihr vorbeikommt, gehet weiter nicht,
Denn selbst wenn die Woge bricht,
Gibt der Meister jedem eine Perle.
Ihr, die ihr vorbeikommt, gehet weiter nicht,
Er verteilt Schlüssel aus Licht
An all die Erde bewohnenden »Kerle«.

Nehmet noch mehr,
Deshalb kommt ihr hierher,
Nehmet vom Himmel den guten Samen.
Der gute Sämann kann spenden
Mit vollen Händen,
Er gibt und gibt und fragt nicht nach dem Namen.

Er lehrt uns auf meisterhafte Weise,
Wie wir pfropfen des Baumes Reise,
Damit erwachse Liebe und Weisheit
Aus unseren Lastern und unserer Torheit.

Lehrt, wie der Verstand sich beuge nur
Den großen Gesetzen der Natur,
Zu eichen unsre Maße und Gewichte
Nach dem himmlischem Gerichte.

Und weil bei jeder Inkarnation
Wir wieder abtauchen zur Genüge,
Verbessert er die Tauchanzüge,
Verfeinert Rettungsschnüre schon.

Vergiss nicht deinen Talisman,
Weil er den guten Führer rufen kann,
Damit der in der dunklen Nacht
Für dich ein helles Licht anmacht.

Folget seinem Ruf, ihr alle,
Auch wenn er einmal schelten wird,
Mal laut, mal sanft, im Intervalle,
Führt er uns vorwärts, unbeirrt.

Was tun wir nun mit guten Samen,
Mit Perlen und mit Talismanen?
Wir lernen, Brüder, die Lektion
Der großen Weisheitslehrer schon:
Klein, wie wir sind, auf einer Seite,
Wohnt doch in uns des Himmels Weite.

Ich lernte die Bruderschaft 1947 in Toulouse kennen, aber ich begegnete dem Meister erst drei Jahre später, im Juli 1950. Dann traf ich ihn wieder im August 1954 auf dem ersten offiziellen Kongress im Bonfin.

Dieser Bonfin, mit seinen holprigen Zufahrtsstraßen, ohne Wasser, ohne Vögel, vom Mistralwind durchgefegt, manchmal von heftigen Gewittern heimgesucht, musste vom Meister etwas Unersetzliches bekommen haben, damit wir so sehr an ihm hängen konnten. Und was er von ihm bekam, war sicher die Begeisterung, die ungeheure Freude, die er auf uns übertrug, während er unsere Schritte in die Richtung des gelobten Landes führte.

»Le Bonfin«, ein charmanter Name mit magischen Silben,
die in unseren Herzen wie ein Ideal singen und klingen.
Oh Bonfin, Du unberührtes Land mit mystischen Samen,
geschwisterliche Oase, provenzalisches Agartha.

Für uns ist der Bonfin nicht jenes kleine Dorf
mit simplen Baracken und rissigen Mauern,
mit kargen Böden, ohne Wege und Wasser,
wo manchmal der Mistral die Zelte hinwegfegt,
wo selbst Feigenbäume vertrocknen und Reben nichts tragen,
wo auch der Olivenbaum kaum Früchte bringt,
wo in der benachbarten Kaserne der Soldat
seine Schüsse ballert, wenn die Sonne aufgeht,
wo du weder Wäsche noch Teller waschen kannst,
wo wir dicht gedrängt auf zu engen Bänken schmoren…
und am Abend manchmal denken: »Zu Hause wäre alles besser!«

Nein, wir träumen vom Bonfin, wir denken an ihn,
wir reden über ihn, und immer gehen wir hin,
machen ihn zu unserem Lieblings-Urlaubsziel.
Und sind nur traurig, wenn wir wieder gehen müssen.

Sicher, wir durchqueren
unseren eigenen Dschungel.
Wir kämpfen uns Schritt für Schritt vorwärts,
müssen Instinkte beherrschen, den Magen zähmen,
sind Käfig, Dompteur und Löwe in einem…

…so lange, bis unsere tränennassen Augen
das Lächeln des Himmels erblicken.

So ist dieser Bonfin unser eigenes Bild,
der Maßstab für unseren Fortschritt,
der Beginn eines ewigen Werkes,
die Vision einer glorreichen Zukunft.

Aber das ist noch nicht alles, wie ihr wisst, meine Brüder.
Der Bonfin ist ja nicht wirklich das, was ich jetzt sagte,
er ist nicht der Weiler, in dem das Elend lebt,
und auch kein fernes Paradies.

Er trägt vor allem das Gesicht des geliebten Wesens
mit dem tiefen, lichterfüllten Blick
und dem sanften Lächeln.
Es ist Symbol, Flagge und Emblem,
geht unseren Schritten voraus, fliegt vor uns her.
Es ist das Wesen, das wir bewundern,
der Meister, den wir verehren.
Sein Wort ist ein göttlicher Hauch.
Ihn hat uns der Himmel geschickt:

Damit unsere Erde
ein Abbild des Himmels werde.

Jahr 1954 – Meditation beim Sonnenaufgang auf der Fels-Anhöhe »Rocher«,
die nahe beim Bonfin liegt.

Um den Felsen herum erstreckte sich der Wald, ohne dass irgendein Gebäude sich unseren Blicken in den Weg stellte. Die Sonne ging auf über einem Meer aus Bäumen und stand bereits hoch am Himmel, wenn sich der Meister nach der Meditation zu uns wandte, um Meister Peter Danovs »Gedanken für den Tag« zu lesen, den er oft kommentierte. Dann lud er uns ein, einen »guten Kaffee« zu trinken. Wir gingen hinter ihm nach unten und sammelten auf dem Weg trockene Äste, weil wir über einem Holzfeuer kochten…

Besuch des Meisters bei Brüdern und Schwestern,
die Gemüse für eine Mahlzeit vorbereiten.

Jetzt haben wir fürs Dach die Sparren
Auch Pickel, Rechen und Schubkarren.
Ausreichend Sprossen zieren unsre Leiter,
Farbflecken unsre Arbeitskleider.

Ein schönes Chalet mit kleinen Räumen.
Dort kannst Du gern am Abend träumen.
Zum Blumengießen aus der Wanne,
Leih'n wir dir dann unsre Gießkanne.

Nur fehl'n uns noch im Speisesaal
Zwei oder drei Bänke, allemal.
Wir woll'n doch unsre Hinterbacken
Beide auf eine Bank hinpacken,
Anstatt nur auf der Hälfte zu sitzen,
Während wir die Ohren spitzen!

So saßen wir also für die Vorträge und Mahlzeiten auf der noch unfertigen Terrasse, an wackeligen Tischen, auf zu engen Bänken, aber es herrschte Begeisterung!

Erste Terrasse für die Mahlzeiten

Man sagt, dass nächstes Jahr ein großer Speisesaal
Ein Ende bereiten solle unserer Qual
Doch etwas wird uns sicher fehlen
Denn so dicht gedrängt, verschmelzen unsere Seelen.

Das Kunststück und die passende Verrenkung
Beim Essen, ja, bei jedem Bissen,
Sei dann ersetzt durch Nicht-Einschränkung
Und Sitzen auf schön weichen Kissen?

Noch sind die Brüder ein toller Anblick:
Seite an Seite, den linken Arm zurück,
Auf halbem Gesäß, mit verdrehter Brust,
Nur den rechten Arm vorn (war das Lust oder Frust?)

Mit den Geschwistern, nah an uns'rer Seite,
Empfinden wir doch innerliche Weite.
Und in der Mahlzeiten heiliger Stille
Übet und stärket sich unser Wille.

Küche unter freiem Himmel

Einige Erinnerungen

Die Zelte hinter den Weinreben

Der Meister wohnte im Bonfin anfangs in einer kleinen Hütte unter Bäumen. Diese Hütte, das muss man offen sagen, war rührend und lächerlich zugleich, denn sie konnte ihn bestenfalls vor Sonne und Regen schützen. Wir fragten uns oft, ob sie wohl dem nächsten stärkeren Mistral-Wind würde standhalten können. Deshalb organisierten wir einen winzig kleinen Wohnwagen für ihn, den er nutzen konnte, bis wir ihm ein Chalet gebaut hatten.

Ich war froh, eine Arbeit zu haben, für die ich kompetent war, und ich bat einige Brüder, mir beim Bau dieses Chalets zu helfen. Der Meister kam von Zeit zu Zeit, um den Fortschritt der Arbeit zu sehen, und sagte ein paar ermutigende Worte... Eines Tages erwähnte er, dass es ja auch möglich gewesen wäre, diesen Bau externen Arbeitern anzuvertrauen, dass wir aber durch die Zusammenarbeit Erfahrungen machten, die wir andernfalls nicht machen könnten. Denn wie viel Verständnis und Geduld sind nötig, um sich aufeinander einzustellen! Es ist gut, ein kleines Haus auf der materiellen Ebene zu bauen. Aber noch besser ist es, wenn es uns gleichzeitig gelingt, etwas Solides und Harmonisches in unseren Herzen aufzubauen.

Der Meister vor seiner kleinen Hütte

Nachdem der Bonfin mehrere Jahre lang fast vollständig ohne Wasserversorgung gewesen war, wurde er nach und nach an die Leitungen der Stadt Fréjus und dann an die Leitung der nächstgelegenen Siedlung Capitou angeschlossen. Später kam noch Wasser aus zwei Bohrungen innerhalb des Bonfin dazu, und schließlich erhielt man für die Landwirtschaft das Wasser aus dem »Canal de Provence«. Dadurch lagen nun jedoch zahlreiche Wasserleitungen im Boden, ohne dass man sie je vermessen und in Plänen aufgezeichnet hatte. Wenn man den Boden aufgraben musste, war es wie ein Russisches Roulette, wir arbeiteten also mehr oder weniger »blind«. Bei etwa jedem fünften Schlag mit dem Pickel landeten wir in einem Rohr und eine Fontäne spritzte aus dem Boden! Über diese »Technik« konnten wir dann nach und nach endlich alle Wasserleitungen wiederfinden und aufzeichnen.

Viele Brüder waren von der geistigen Dimension des Meisters so beeindruckt, dass sie ihm keinerlei Kompetenz auf der materiellen Ebene zutrauten. Wann immer die Möglichkeit bestand, sie vom Gegenteil zu überzeugen, klopfte ich deshalb gerne an seine Tür und bat ihn um Hilfe, die er immer erteilte. Einmal war es ein riesiger Stein, den wir einen kleinen Abhang hinunter bis zum Zaun seines Gartens schieben mussten, ohne dabei Schaden anzurichten. Ein anderes Mal ging es um die Wurzeln alter Bäume, die nicht einmal unter Zuhilfenahme eines Traktors abgerissen werden konnten, oder um die Mauern einer Ruine, die eingerissen werden mussten, ohne Pflanzungen oder anliegende Gebäude zu beschädigen. Unter all diesen Umständen, und unter vielen anderen, zeigte uns der Meister, wie es zu schaffen war, und er sagte dabei: »Es reicht nicht aus, seinen Beruf korrekt ausüben zu können, man muss auch einfallsreich sein und Lösungen finden. Bevor ihr mit der Arbeit beginnt, müsst ihr euch mit der höheren Mental-Ebene verbinden.«

Der Meister beim Gießen einiger Pflanzen

Bruder Alexandre bei der Arbeit

Die Arbeiten im Bonfin gingen weiter, und jede Aktivität oder Situation war für den Meister eine Gelegenheit, uns zu unterweisen und uns zu helfen:

Zu einem schüchternen, jungen Bruder sagte er einmal: »So geben wir uns nicht die Hände, sondern auf diese Weise«, und machte es vor. Einige Zeit später bemerkte dieser, dass die vielen Warzen, die seit langem seine Hand bedeckt hatten, verschwunden waren.

***

Eines Morgens waren nur wenige von uns auf dem Meditationsfelsen beim Sonnenaufgang. Der Meister sprach. Ich sehe ihn immer noch vor mir: Er saß da, die Füße fest an der Wand seines felsigen Sitzes abgestützt, als wäre er jeden Augenblick bereit, nach vorn zu springen. Und tatsächlich sprang er im nächsten Moment. Ein älterer Bruder hatte das Bewusstsein verloren, aber noch bevor sein Kopf auf den Felsen schlug, hatte sich die Hand des Meisters dazwischen geschoben. Einer unserer Brüder, ein Arzt, war ebenfalls herbeigeeilt, und musste feststellen, dass das Herz des Bruders aufgehört hatte zu schlagen. Der Meister meditierte stehend einen Moment lang, beugte sich dann über ihn und legte ihm seine Hand auf den Solarplexus, bis sich der Bruder plötzlich mit Leichtigkeit aufsetzte. Nachdem er wieder zu Kräften gekommen war, stieg er mit uns den Felsen hinab. »Gehen Sie sich ausruhen«, riet der Meister, und zu uns gewandt bemerkte er: »Es ist das zweite Mal, dass ich ihn da heraushole.«*

***

Hier eine Begebenheit mit einem kleinen Mädchen, das dreieinhalb Jahre alt war: Beim Spielen im Bonfin in der Umgebung des großen Saales hatte sie eine Münze gefunden, und im Laufe des Tages hatte sie ihre Eltern sagen hören, dass die Bruderschaft Geld brauche. Mit ihrem Schatz in der Hand ging sie nun dem Meister entgegen, der sich im Gespräch mit einigen Brüdern und Schwestern befand, und schenkte ihm die Münze, mit den Worten: »Das ist für die Bruderschaft.« Der Meister dankte dem Mädchen aufrichtig, und als es gegangen war, sagte er: »Ich hätte ihr ein Bonbon anbieten können, aber sie war gekommen, um mir ein Geschenk zu machen. Hätte ich ihr etwas dafür gegeben, hätte ich die Größe ihrer Geste aufgehoben.«

***

Im täglichen Leben waren die Beziehungen mit dem Meister sehr einfach und herzlich. Ich erinnere mich an einen Tag, an dem ich ihm in einer Ortschaft in der Nähe von Saint-Jean-de-Luz im Hause

---

* Viele Berichte von Augenzeugen zeigen, dass der Meister die Fähigkeit des Heilens besaß. Er tat dies jedoch selten, immer sehr diskret und sagte, dass dies nicht seine Mission sei. Und wenn er es tat, dann immer nur nach Rücksprache mit der unsichtbaren Welt.

eines Bruders begegnete. Wir hatten ihn zu einem Picknick in der Natur eingeladen, an einen zauberhaften Ort zwischen dem Meer und den Bergen. »Einverstanden«, sagte er, und fügte scherzend hinzu, um mich zu provozieren: »Aber die Lebensmittel auf dem Markt werde ich aussuchen, weil Sie nicht einmal in der Lage sind, eine Melone auszuwählen.« Ich entgegnete: »Wenn ich nicht in der Lage bin, eine Melone auszuwählen, wie habe ich es dann geschafft, einen Meister zu wählen?« – »Oh la la, mein Bruder«, antwortete der Meister, »Sie glauben doch nicht etwa, dass es die Schüler sind, die ihren Meister wählen? In der Einweihungstradition wählen immer die Meister ihre Schüler.«

***

Eine weitere Tatsache kommt mir in den Sinn, nämlich, dass der Meister mehrere Gesichter zeigen konnte, die von jedem auf andere Weise wahrgenommen wurden.

So war er beispielsweise 1952 nach Toulouse zu einem Bruder eingeladen worden, der eine Wohnung im Stadtzentrum hatte. Dort trafen meine Frau und ich ihn eines Tages, als er von einer Reise nach Spanien zurückkehrte. Bei der Rückkehr nach Frankreich hatten ihm die Beamten an der Grenze wegen seiner Staatenlosigkeit Probleme bereitet. Während er uns von dem Vorfall erzählte, schien er so aufgebracht über die Haltung der französischen Polizei ihm gegenüber, dass er äußerte, nahe daran zu sein, Frankreich zu verlassen. In diesem Moment sah ich ihn plötzlich wachsen. Er war so groß, dass er fast bis zur Decke reichte und hatte einen kraftvollen, energischen Gesichtsausdruck. Doch meine Frau erzählte mir im Nachhinein, dass sie ihn in diesem Moment als Kind gesehen hatte, so klein, dass sie fast das Bedürfnis verspürte, sich über ihn zu beugen, um ihn zu trösten!...
Am darauf folgenden Sonntag waren neue Personen zum brüderlichen Treffen gekommen. Nach dem Treffen fragten wir sie nach dem Eindruck, den der Meister auf sie gemacht hatte. Es war

unglaublich: Der eine hatte einen edlen, alten Mann gesehen, der andere einen orientalischen Prinzen, der dritte einen wunderbaren jungen Mann und der vierte einen seiner besten Freunde.

***

Ein ähnlicher Vorfall ereignete sich, als der Meister in der Stadt Pau in einem Haus lebte, das von Grünem umgeben war, und wo wir ihn oft besuchten. Eines Tages gesellte sich die Besitzerin des Hauses während eines Gespräches zu uns. Bevor sie wieder ging, sagte sie zum Meister: »Gestern wollte ich Sie aufsuchen. Ich klopfte mehrmals, und als Sie nicht antworteten, bin ich einfach eingetreten. In dem Sessel, in dem Sie jetzt sitzen, saß jemand, doch das waren nicht Sie, sondern dieser Herr, dessen Foto dort auf Ihrem Kamin steht.« Als sie gegangen war, erklärte uns der Meister: »Ich meditierte über Meister Peter Danov, deshalb sah ich so aus wie er.«

***

Während der Vorträge des Meisters hatte ich immer wieder starke Emotionen. Dies war auch der Fall, als er einmal über das Leben des Malers Michelangelo sprach. Er erzählte uns, dass Michelangelo nach der Fertigstellung der Moses-Statue so von der Kraft, die aus ihr hervorging, beeindruckt war, dass er, nachdem er sie lange angeschaut hatte, mit seinem Hammer auf den Marmor geschlagen und gesagt habe: »Moses, sprich!« In dem Moment erwachte für einen Augenblick in mir wieder der Bildhauer, der ich früher gewesen war, und ich wischte mir ein paar Tränen aus dem Gesicht. Der Meister fuhr fort: »Ich weiß, dass das, was ich hier sage, viele von euch gleichgültig lassen wird, aber einige sind dadurch zu Tränen gerührt.« Dabei hatte er nicht speziell mich angesehen. Er war wie ein Dirigent, der in der Lage war, die Gesamtheit aller Instrumente zu hören und dabei doch jedes einzelne zu unterscheiden. Er nahm die Reaktionen seiner gesamten Zuhörerschaft und die Gedanken von jedem Einzelnen seiner Schüler wahr.

Bei jeder Mahlzeit im Großen Saal des Bonfins lud der Meister zwei Personen an seinen Tisch ein. Es war fast Mittagszeit. Schon legte die zuständige Schwester dem Meister die Liste der Brüder und Schwestern vor, die an diesem Tag geeignet schienen, eingeladen zu werden. Und sie fragte: »Wen soll ich aufrufen?« Da ich gerade den Saal betrat, zeigte der Meister auf mich. Die Schwester, die mir dann am Tisch des Meisters gegenüber saß, war eine Engländerin, deren Augen azurblau strahlten. Sie hatte den Meister noch nie so nahe gesehen…

Mit Staunen über das unerwartete Geschenk
Fühlte auch sie nun in ihrem Inneren
Die immense Freude, die er immer in uns weckt.

Unter ihrem verehrenden Blick
Saß der Meister nach innen schauend
Und war von unbeschreiblicher Schönheit!

Dann fühlte ich, auf geheimen Wegen,
Tränen in mir aufsteigen,
Die mir leise vermittelten

Dass sie in verzückter Schau
Genau in diesem Augenblick
den Himmel lächeln sah.

Henriette Vacquié
(1915 - 2007)

Schwester Henriette wurde in der Nähe der Berge und Seen der französischen Pyrenäen geboren und war sehr mit ihnen verbunden. Sie sagte, dass sie im Kontakt mit dieser Natur die Quintessenz der Lehre des Meisters wiedergefunden habe. Diese Erfahrungen beschrieb sie auch in ihrem Buch »La Montagne de Lumière«.1

Weil sie Lehrerin war, hatte sie – dank der dreimonatigen Sommerferien in Frankreich – die Möglichkeit, seit 1953 an allen Sommerkongressen im Bonfin teilzunehmen. Deshalb wurde sie im Jahre 2003, anlässlich des 50-jährigen Jubiläums des Bonfin, gebeten, einige ihrer Erinnerungen aufzuschreiben.

Sie berichtete Folgendes:

Der Meister hatte nur ein Ziel: Die Menschen zum geistigen Leben zu erwecken und dabei den Charakter, das Temperament und den Entwicklungsgrad jedes Einzelnen zu berücksichtigen. Er wusste, dass theoretisches Wissen nicht ausreicht, weil es nur den Intellekt mit seinen begrenzten Möglichkeiten berührt. Aber er hatte die Fähigkeit, jedem seiner Worte Leben einzuhauchen. Dadurch berührte er unsere Herzen, und er führte uns in die Regionen der göttlichen Liebe, welche die treibende Kraft hinter all unseren besten Taten ist. Unermüdlich, mit unendlicher Geduld, säte er in jeden von uns Lichtsamen, wohl wissend, dass diese oft erst viel später oder sogar erst in zukünftigen Leben Früchte tragen würden. Aber für einen Meister ist die Zeit nicht entscheidend, er arbeitet für die Ewigkeit.

Als Gymnasiallehrerin in Toulouse hatte ich das Privileg, lange Schulferien zu genießen. So war es mir möglich, an allen brüderlichen Sommerkongressen der Einweihungsschule des Bonfin teilzunehmen. Etwa zwanzig Jahre lang war ich zusammen mit Bruder Jean für die Organisation und Verwaltung des Anwesens verantwortlich. Durch diese Verantwortung hatte ich häufige Gespräche mit dem Meister, die mich viel über seine Art zu sein und zu handeln lehrten.

Während dieser ereignisreichen Sommermonate gemeinschaftlichen Lebens, die unsere alten Gewohnheiten umstürzten, stimulierte die Anwesenheit des Meisters unser Denken und entwickelte unsere Flexibilität. Dies ging natürlich nicht ohne Anstrengung, denn ein müheloses Leben ist mit dem geistigen Fortschritt unvereinbar. Nur die richtig verstandenen Hindernisse ermöglichen es uns, voranzukommen. Heute denke ich zurück an diese Sommerkongresse im Bonfin, die ich wie einen Film auf dem Bildschirm meiner Erinnerung sehe. Die Stimme unseres Meisters schwingt noch immer in mir, diese lebendige Stimme, die unsere Ohren und Herzen so tief berührte.

Mit starken Gefühlen erinnere ich mich auch an meine Ankunft in Le Bonfin im Jahre 1953. In diesem Jahr legte der Meister – in Anwesenheit von nur etwa zwanzig Brüdern und Schwestern – den Grundstein für ein internationales Zentrum, das inzwischen oft mehrere Hundert Besucher hat. Ohne mir dessen immer bewusst zu sein, lebte ich in einer entscheidenden Zeit.

Erste Kongresse

Ich schließe meine Augen, um die Landschaft von einst wiederzuentdecken. Da war nichts, absolut nichts, außer dem kleinen Haus von Bruder Jean und seiner Frau Raymonde. Dieses war ein ehemaliger Schafstall, sechs Kilometer von der Stadt Fréjus entfernt. Der ursprünglich aus Paris stammende Bruder Jean hatte das Land erworben und dem Meister zur Verfügung gestellt. Damals waren die Abgeschiedenheit, die Stille und das Zugegensein eines Waldes willkommene Gründe, um es zu übernehmen und daraus ein Sommer-Kongresszentrum für die Zukunft zu machen.

Der Meister wohnte dort zu dieser Zeit in einem winzigen Wohnwagen unter einer zweihundertjährigen, großen Eiche, einem lebendigen Zeugen längst vergangener Tage. In der ganzen Umgebung erstreckte sich die üppige Garigue, eine mediterrane Strauch-Heidelandschaft. Wie groß war meine Begeisterung über die Pracht dieser Vegetation! Das leuchtende Rosa der Zistrosen-Rabatte, die großen Sträuße aus weißem Heidekraut, der Geruch von lilafarbenen Terebinthen, gemischt mit dem köstlichen Duft von bescheidenem Thymian, und all den anderen kleinen Pflanzen aus dem mediterranen Wald, erfreuten unsere Augen und erfüllten die Luft, die wir mit Genuss atmeten. Die Provence des Mistral-Windes lag hier vor uns, lebendig, duftend und bereit, im Laufe der kommenden Jahre zu unserem prächtigen Bonfin-Anwesen zu werden. Unendlich viel Arbeit mit Pickel und Schaufel war nötig, um diesen trockenen und felsigen Boden zu ebnen, damit die Zelte der ersten Kongressteilnehmer aufgestellt werden konnten!

Der winzige Wohnwagen des Meisters

In der nahen Umgebung erhebt sich im Wald ein felsiger Ausläufer, der zum Esterel-Gebirge hin eine offene Sicht bietet. Dieser Ort wurde zu unserem »Meditationsfelsen«. Wir stiegen jeden Morgen hinauf, um den Sonnenaufgang zu betrachten und mit der Natur zu kommunizieren, die zu dieser frühen Stunde so reich an Prana ist. »Jedes Teilchen dieses Prana ist wie ein Tröpfchen kristallklaren Wassers, eine kleine, lichtgefüllte, schwebende Kugel«, sagte der Meister.

Meditationsfelsen, Bonfin 1955

Damals, in den 1950er Jahren, waren wir nicht sehr zahlreich, das Hauptzentrum der Bruderschaft war in Sèvres, in der Nähe von Paris, in einem kleinen Anwesen, das »Izgrev« genannt wurde, so wie das Zentrum der bulgarischen Bruderschaft in Sofia heißt, das von Meister Peter Danov gegründet worden war.

Viele Brüder und Schwestern kamen bereits regelmäßig nach Sèvres, um die Vorträge des Meisters zu hören und mit ihm an diesem gemeinsamen Leben teilzunehmen, das er uns entdecken lassen wollte. Nur Bruder Jean und Schwester Raymonde lebten damals dauerhaft im Bonfin. Während des Jahres nutzten einige Brüder, die echte Pioniere waren, ihre freien Tage, um zum Bonfin zu fahren und dort für die zukünftigen Sommerkongresse, die immer mehr Teilnehmer anzogen, bessere Bedingungen zu schaffen. Auf großzügige Weise halfen sie mit, diesen Platz zu verschönern, der ihnen jetzt so am Herzen lag, und den der Meister der spirituellen Arbeit geweiht hatte.

Es begann mit dem Bau von fünf Holz-Chalets, die in mehrere Schlafräume aufgeteilt wurden. Sie wurden alle aus dem gebrauchten Material einer öffentlichen Baustelle errichtet. Eines von ihnen reservierten wir für den Meister. Mit welcher Leidenschaft arbeiteten wir daran, ihm ein Zuhause zu schaffen, das komfortabler war als sein kleiner Wohnwagen! Zu unserer Überraschung nahm er selbst an den verschiedenen baulichen Aktivitäten teil. Und vor dem St. Michaelsfest (am 29. September), mit dem der Sommerkongress endete, war er auch bei den großen Reinigungsarbeiten anwesend. Er nutzte diese Momente vor allem, um uns zu erklären, wie wichtig es ist, auch diese manuellen Arbeiten mit wachem Bewusstsein auszuführen, denn jede unserer Handlungen hat Auswirkungen auf unsere Gefühle, unsere Gedanken und auf unser gesamtes Verhalten. Er legte auch viel Wert auf die Notwendigkeit, eine Arbeit mit Methode und Überlegung auszuführen sowie nach getaner Arbeit die Werkzeuge zu reinigen, aufzuräumen und den Arbeitsplatz in einwandfreier Ordnung zu hinterlassen… Überall mussten Ordnung, Sauberkeit und Ästhetik herrschen. Es war notwendig, die Arbeit gut zu beginnen und vor allem auch, sie gut zu beenden.

Innenarbeiten im Chalet, mit dem Meister

Jahr 1956

Damals wurden die Mahlzeiten auf einer Terrasse eingenommen, die mit einfachen Tischen und Holzbänken ausgestattet war. Eine kleine Treppe führte von dieser Terrasse zu einem winzigen Untergeschoss, das unter der Terrasse lag und als Küche genutzt wurde. Zum Kochen der Speisen wurde ein Herd verwendet, der mit Holzscheiten und Kiefernzapfen aus dem Wald befeuert wurde.

Diese Terrasse blieb für längere Zeit ohne Dach. Dort saßen wir also dicht an dicht auf unseren Bänken und übten uns darin, während der Mahlzeiten Stille einzuhalten, was unserer Gewohnheit nur sehr wenig entsprach. So ging es nicht nur darum, nicht zu reden, sondern der Meister bat uns auch, keine Geräusche mit dem Besteck zu machen. Der Umgang mit Löffeln, Gabeln und Messern wurde zu einem echten, akrobatischen Erlebnis! Ganz zu schweigen von der Sonne, deren heiße Strahlen auf unsere Köpfe brannten, oder vom Regen, der großzügig auf unsere Teller fiel (was glücklicherweise unter dem Mittelmeerhimmel eher selten vorkam)! Aber wir ertrugen alles leichten Herzens, denn das Privileg der Anwesenheit des Meisters war uns bewusst. Konnten wir doch von all den Schätzen profitieren, die er an uns verteilte, und von dieser brüderlichen Atmosphäre des Vertrauens und der Freude, in der wir hier lebten.

Die Terrasse während einer Mahlzeit im Regen (1953)

Mit einer Begeisterung, die unsere Kräfte verzehnfachte, ging die Arbeit weiter. Die Terrasse wurde betoniert und nach einigen mehr oder weniger erfolgreichen Versuchen überdacht. Zuerst hatten wir ein Schilfdach mit einer großen, orangefarbenen Plane, die der Mistralwind immer wieder mit lautem Brausen aufblies und unter der wir Temperaturen genossen, die einer finnischen Sauna alle Ehre gemacht hätten. Schließlich entschieden wir uns für ein stabileres und schützenderes Blechdach.

Wir versammelten uns auf dieser Terrasse, um die Vorträge des Meisters zu hören, gefolgt von einer der drei Mahlzeiten, die er täglich mit uns teilte. Nach dem Abendessen ließ uns der Meister meist klassische Musik hören: Symphonien, Messen, ein Requiem usw., und er lehrte uns, wie man sie anhört.

Die Milde und Stille der Sommerabende wurde vom Zirpen der Grillen begleitet. Der Meister versäumte nicht, uns auf den Kontrast zwischen diesem beruhigenden Gesang bei der Abenddämmerung und dem eher schrillen Geräusch der Zikaden während des Tages hinzuweisen. Das Zirpen der Grillen, die vom Meister gewählte Musik, der Sternenhimmel – all das schuf eine magische Atmosphäre, die uns auf eine ruhige und erholsame Nacht vorbereitete, dank der wir am nächsten Morgen in der Lage waren, all den Reichtum aufzunehmen, den die Sonne beim Aufgehen so großzügig verteilte!

Später kamen auch Künstler in den Bonfin, die von Freunden mitgebracht wurden und die sich von diesem neuen Leben angezogen fühlten. Sie nahmen mit Begeisterung an allen unseren Aktivitäten teil, und ihr Interesse wuchs durch das Hören der Vorträge, bei denen der Meister seine Auffassung über die Kunst offenbarte:

»Ein Künstler muss sich mit der göttlichen Welt verbinden, um das Licht zu empfangen, welches die Offenbarung der wahren Schönheit bringt. Dann wird er unsterbliche Meisterwerke erschaffen.«

Nach und nach wurden Musikabende organisiert, bei denen uns Musikanten und Sänger Konzerte gaben.

Als die Zahl der teilnehmenden Brüder und Schwestern weiter wuchs, mussten wir uns bald eingestehen, dass unsere Terrasse zu klein geworden war. Wir brauchten also unbedingt einen größeren Raum für unsere Versammlungen. 1960 entstand mit Hilfe zahlreicher Unterstützer ein erster Saal. Er wurde im Jahre 1967 durch unseren heutigen großen Saal ersetzt und 1980 vergrößert. Dieser

Ort, an dem wir uns versammeln, um zu beten, zu meditieren, zu singen, die Vorträge des Meisters zu hören und gemeinsam zu essen, ist für uns zu einem wahren Tempel geworden.

Jahr für Jahr wurde so viel Arbeit geleistet! Jede Rückkehr in den Bonfin war für uns ein Grund zum Staunen: Bäume, Weinreben, Gemüse, neue Räume, eine zweckmäßigere Küche... So sind wir im Laufe der Jahre zu diesem attraktiven und fast komfortablen Bonfin gekommen, in den wir jedes Jahr mit der gleichen Begeisterung zurückkehren.

Bruder Jean

In jenen für uns so wichtigen Zeiten der 1950er Jahre waren die Zufahrtswege nach Bonfin noch sehr unwegsam. Die Taxifahrer weigerten sich oft, dorthin zu fahren, weil sie um ihre Reifen besorgt waren. Deshalb holte Bruder Jean die Brüder und Schwestern am Bahnhof in Fréjus oder Saint-Raphaël mit seinem Motorrad ab, das einen äußerst denkwürdigen Beiwagen hatte, der aus einer großen Holzkiste auf Rädern bestand. In diesem seltsamen Verkehrsmittel musste man sich gut festhalten, und man durfte keine Angst vor

Schlaglöchern haben! Eines Tages bei einer Rückreise vom Bahnhof in Fréjus, flog ein Bett, das Bruder Jean dort abgeholt hatte, in hohem Bogen davon. Glücklicherweise war es in einem Graben gelandet. Man kann sich gut die Gesichter der Touristen vorstellen, die sie bei der Fahrt dieses ungewöhnlichen Gefährts durch Saint-Raphaël machten.

Der Beiwagen von Bruder Jean

Was jedoch noch immer am meisten fehlte, war das Wasser. Für unseren persönlichen Bedarf holten wir es am Brunnen der benachbarten Bauernhöfe. Es gab damals sogenannte »Wasserkühe«, das waren große Segeltuchtaschen mit zwei Griffen, die an einem langen Stock hängend, getragen werden konnten. Wir gingen zu zweit und jeder trug fröhlich sein Ende des Stockes… eine freudige, aber manchmal auch schmerzhafte Expedition! Ich erinnere mich auch an lange Wanderungen unter sengender Sonne zu dem kleinen Bach Reyran. Nachdem man in sein frisches und klares Wasser eingetaucht war, fühlten sich alle Zellen wunderbar erfrischt und neu belebt an.

Für den Trinkwasserbedarf der Gemeinschaft fuhr Bruder Jean mit seinem Motorrad mit Beiwagen nach Fréjus. In der Holzkiste stand ein riesiges Fass. Mehrmals täglich musste er den städtischen Brunnen aufsuchen, um das kostbare Nass herbeizubringen. Bei seiner Rückkehr wurde er von den Brüdern und Schwestern mit Beifall empfangen. Der Situation entsprechend war es natürlich wichtig, Wasser zu sparen.

Der 8. August 1958 war ein denkwürdiges Datum. Am Ende des Abendessens verkündete uns der Meister, dass das Wasser ab sofort bis zum Bonfin geleitet werden würde. Ein großer flexibler Schlauch war an einem Wasserhahn in der Nähe der Küche befestigt worden. Nach dem Essen wurden wir eingeladen, dem Ereignis beizuwohnen. Als wir versammelt waren, fragte der Meister: »Wollt ihr eine Dusche?« Ohne eine Antwort abzuwarten, richtete er den Wasserstrahl zweimal auf uns. Die Reaktionen waren vielfältig. Die einen liefen kreischend davon, andere lachten laut, die Jüngeren hüpften fröhlich, während manche stoisch, schweigend und bewegungslos stehenblieben.

Die Ankunft dieses Wassers hatte auch eine symbolische Dimension. Wir fühlten, dass für den Bonfin eine neue Zeit anbrach, und der Meister teilte uns mit: »Mit diesem Wasser haben wir ein kostbares

Geschenk erhalten.« Für ihn war nichts banal und unbedeutend. Es war ja auch ein Aufwand von fünf Jahren gewesen, bis es endlich bei uns ankam! Wir verstanden, dass es ein Schatz ist, der nicht verschwendet werden darf. War es nicht das Symbol des Lebens, dieses Lebens, das wir immer wieder in uns selbst bewahren und erneuern müssen?

Zu dieser Zeit begleitete der Meister die Abreise der Brüder und Schwestern, die den Bonfin am Ende ihres Aufenthalts verließen, noch persönlich. Wir gingen schweren Herzens weg, mit einem Gefühl, als ob wir aus einem Seelenparadies gerissen würden, während das Lied »Bratstvo Edinstvo« (Brüderlichkeit, Einheit) erschallte. Unser letztes Bild war das des Meisters, der die Hand zum Gruß erhob.

Mein Leben als Schülerin im Bonfin

Seit Jahren hatte ich das Bedürfnis verspürt, das außergewöhnliche Glück zu Papier zu bringen, welches ich an bestimmten Tagen empfand. Im Bewusstsein der Intensität meiner Gefühle wollte ich, dass sie ein lebendiges Zeugnis bleiben, so wie die »Tonband-aufnahmen«, von denen der Meister manchmal sprach: »Versucht innerlich eine ganze Plattensammlung mit Aufzeichnungen von den kostbarsten Momenten eures Lebens zu haben, um darin in Zeiten der Entmutigung Trost zu finden.« Wie viele lebendige Bilder, voller Sonne, blauem Himmel und Licht begleiten mich unablässig!

Vor meinen Augen ziehen Erinnerungen vorbei, die ich »die kleinen Freuden des Alltags« nenne: Ich öffne am frühen Morgen mein Zelt und begrüße den beginnenden Tag. Der Meister sagte: »*Wenn ein Eingeweihter morgens sein Fenster öffnet, begrüßt er die ganze Natur, die Bäume, den Himmel, die Sonne... Er begrüßt den neuen Tag und die gesamte Schöpfung. Wie oft begrüße ich am Morgen, wenn ich in meinen Garten hinausgehe, die Engel der vier Ele-mente: die Engel der Luft, der Erde, des Wassers und des Feuers,*

und sogar die Gnomen, Undinen, Sylphen und Salamander... Auch
zu den Bäumen, den Steinen und dem Wind sage ich: Seid gegrüßt!
Seid gegrüßt! Seid gegrüßt!... Diese magische Haltung löst in mir
einen Schauer der Freude aus. Sie ist eine wahre Kommunion mit der
gesamten lebendigen Natur und den Geschöpfen, die sie bewohnen...«

Auf dem Felsen

Dann folgt der Aufstieg zum Felsen durch den Wald, während sich
alles um uns herum in Schwingung befindet. Auf dem Felsen angekommen, betrachten wir die Morgendämmerung, die Herrlichkeit
der Sonne, die am Horizont aufsteigt. Wir empfangen ihre Kraft,
wir kommunizieren mit ihrem Licht und mit ihrer Wärme.
Vor einiger Zeit ging an einem bewölkten Morgen eine blasse Sonne
im Nebel auf, der die Hügel des Mittelgebirges Esterel verhüllte. Da
erinnerte ich mich an das, was der Meister uns gesagt hatte: Wenn
die Sonne an manchen Tagen nicht scheint oder verschleiert bleibt,
kann die innere Arbeit sogar noch tiefer sein. Weil wir nicht von
der Schönheit des Schauspiels angezogen werden, suchen wir die
Sonne mehr in uns. An diesem Tag erlebte ich die Gegenwart dieser
inneren Sonne.

Später am Tag gibt es jene Augenblicke, in denen wir den stillen Wald besuchen, während sich unser Blick im Blau des Himmels verliert, der durch die Zweige der hohen Pinien scheint. Dann wird alles zu einer Quelle der Freude: das Lied eines Vogels, ein Eichhörnchen, das von Baum zu Baum springt, ein Sonnenstrahl, der plötzlich die Heide erleuchtet.

Morgens auf dem Felsen, sowie am Anfang und Ende der morgendlichen Gymnastikübungen und bei den Versammlungen, sendet uns der Meister einen Gruß mit erhobener Hand, den wir in gleicher Weise beantworten. Auf diesen subtilen Austausch legt er viel Wert. Es erfüllt uns mit Glück, ihn bei jeder neuen Begegnung so zu grüßen.

Auf dem Felsen

Und wie soll ich den Anblick des Sternenhimmels in der Milde der Nacht beschreiben? Er vermittelte uns eine freudvolle Hoffnung, als fühlten wir unsere Verbindung mit dem Leben aller lichtvollen Wesen, die das Universum bevölkern.

Und vor allem war da die Freude über die Anwesenheit des Meisters, diese überall in der Atmosphäre um uns herum anwesende lebendige Präsenz, die alles belebte und verschönerte. So sehr wir es liebten, seine Worte zu hören, so sehr respektierten wir auch sein Schweigen.

Doch ein geistiger Schüler durchläuft auch innere Konflikte, für die der Verstand alleine keine Lösungen bieten kann. Dort mussten wir auf die Methoden zurückgreifen, die der Meister uns immer wieder gab, um einen höheren Grad an Bewusstsein zu erreichen. Aber taten wir dies auch wirklich? Manchmal sprach er zu uns über seine Traurigkeit und Enttäuschung, wenn er feststellte, wie nachlässig wir in der Umsetzung dieser Methoden und Lebensregeln waren. Wir waren nicht immer gute Schüler, das ist wahr, aber er hörte nie auf, uns zu ermutigen.

»Ihr habt Zweifel und begegnet Hindernissen«, sagte er, »aber das darf euch nicht aufhalten. Vergesst nie, dass das Universum euch gehört. Verlasst eure kleine Mansarde, in der ihr eingesperrt seid und wandert hinaus, um die weite Welt zu sehen. Die Wälder, Seen, Flüsse, Sterne, all das gehört euch. Und werft auch einen Blick in euch hinein, um zu sehen, wie viele Reichtümer ihr besitzt! Ihr seid wie derjenige, der über Durst klagt, während er bis zum Hals im Wasser steht. Warum?«

Der Meister riet uns auch, von Zeit zu Zeit zurückzublicken, um bestimmte Episoden unseres Lebens noch einmal zu betrachten, damit wir aus ihnen eine Lehre ziehen und uns selbst besser kennenlernen können. Er sagte, dass uns das Schicksal während unseres Lebens unter verschiedenen Formen mehrmals in die gleiche Situation bringt, bis wir die uns gestellten Probleme gelöst haben. Während dieser Sommermonate habe ich auch immer mehr verstanden, wie wichtig es ist, sich selbst zu beobachten, wachsam zu sein und sein Unterscheidungsvermögen auf allen Ebenen zu schulen. Es sind diese langen Aufenthalte im Bonfin, die ich jetzt, da ich wieder in meinen Bergen wohne, nacherlebe. Hier wandere ich im Unterholz der Kastanienbäume zwischen verbrannten Farnen, welche die Erinnerung an die heiße Sommersonne in sich tragen, und ich betrachte die kleinen Herbstzeitlosen, das letzte blumige Lächeln der Natur. Alles ist eingehüllt in kostbare Goldtöne, vom Laubteppich über die leuchtenden Gewölbe der Kastanienbäume, bis hin zum goldenen Glanz der eleganten Pappeln. Ich fühle mich ganz in ein Stück Sonnenlicht eingetaucht, das nun noch eine Weile auf der Erde verweilen möchte. Nur das Geräusch einer auf den Boden fallenden Kastanie unterbricht die Stille des Waldes. Ihre stachelige, aber schützende Schale bricht auf und entlässt eine samtig glänzende Frucht, die freudig auf den goldenen Blättern davonrollt. In diesem Wald, der von herbstlichem Licht durchflutet ist, denke ich über die Lehren nach, die uns die Natur gibt: Die Stacheln dieser Kastanienhüllen, die aggressiv aussehen, umhüllen und schützen seidige Früchte. Ebenso gibt es in jedem von uns eine süße und duftende Frucht, die nur allzu oft unter einer stacheligen Rüstung verborgen liegt.

Einige Regeln des Gemeinschaftslebens

In dem Jahr, in dem ich in die Bruderschaft kam, sagte der Meister einmal zu mir:

»Vergessen Sie nie, dass Sie hier in der Göttlichen Schule sind! Wie in einer normalen Schule finden Sie auch hier alle Kategorien von Schülern. Jeder befindet sich auf einer anderen Entwicklungsstufe und verfolgt ein bestimmtes Ziel. Diejenigen, die die Gesetze nicht beachten, stören die Harmonie, die in dieser Schule herrschen sollte, und der Himmel wird sich darum kümmern, ihnen einige Lektionen zu erteilen. Die Methoden, die ich verwende, stammen direkt aus der Großen Universellen Weißen Bruderschaft, die oben ist. Sie basieren auf kosmischen Gesetzen, die respektiert werden müssen. Indem die Schüler diese respektieren, ehren sie durch mich die großen Wesen, die mich gesandt haben.«

Die verschiedenen Ereignisse, die sich dann im Laufe der Jahre abspielten, trugen dazu bei, diese Worte in meinem Gedächtnis einzuprägen. Wir waren und sind nur einfache Schüler. Ich habe viele Fehler bei mir selbst und bei anderen bemerkt. Sie erlaubten es mir, tiefgründig nachzudenken, in dem Versuch, jedes Mal eine wertvolle Lektion zu erlernen und zu erkennen, wie nötig wir es haben, ein hohes Ideal zu nähren, um unsere Schwierigkeiten zu überwinden. Das hohe Ideal ist das, was auch den Methoden, die der Meister uns lehrt, ihre wahre Bedeutung verleiht.

Unter den Neuankömmlingen im Bonfin fragen mich heute viele, wie das Leben während der Kongresse verlief, als der Meister noch physisch unter uns weilte. Sie vermuten richtig, dass es ganz von seiner Größe und Ausstrahlung durchdrungen war. In solchen Momenten verblasst alles um mich herum und ich befinde mich im großen Saal, inmitten von vielen Brüdern und Schwestern. Die Stille ist beeindruckend. Wir hören, wie der Meister den kleinen Vorraum betritt, in dem er meditiert, bevor er zu uns in den Saal kommt.

Endlich öffnet sich die Tür und er tritt ein. Wir stehen auf und tauschen mit ihm den brüderlichen Gruß, jene Geste voller Liebe, der er so viel Bedeutung beimisst.

Um zu funktionieren, braucht jede Schule, welcher Art sie auch sei, gewisse Regeln. Für eine Einweihungsschule gilt dies umso mehr, denn hier muss eine Atmosphäre herrschen, die der spirituellen Verwirklichung förderlich ist. Von diesen Regeln möchte ich nur einige erwähnen, die dem Meister besonders wichtig waren.

Die erste Regel ist die Vermeidung von jeglichem unnötigen Lärm, auch von unnötigen Gesprächen, sowohl außerhalb als auch innerhalb der Zelte oder Zimmer, damit Nachbarn, die ruhen, lesen oder meditieren möchten, nicht gestört werden.

Der erste Saal

Das Schwierigste war natürlich zu essen, ohne Lärm mit dem Besteck zu verursachen. Es kam vor, dass der Meister die Mahlzeit unterbrach, um uns an diese Wachsamkeit zu erinnern. Einmal kam er deshalb sogar mehrere Tage nicht zu den gemeinsamen Mahlzeiten, und einmal verließ er eine Woche lang den Bonfin. Da das spirituelle Leben auf Selbstbeherrschung basiert, und zwar auf allen Ebenen, mussten wir damit beginnen, unsere Handbewegungen zu kontrollieren, und die beste Zeit für diese Übung war während der Mahlzeiten. Welche spirituellen Errungenschaften kann sich ein Mensch erhoffen, der nicht in der Lage ist, seine Handbewegungen zu kontrollieren? Er wird auch nicht in der Lage sein, seine Gefühle und Gedanken zu kontrollieren.

Der Meister bestand auch auf dem Einhalten von Uhrzeiten und auf der Pünktlichkeit bei Versammlungen, Übungen, Verabredungen, Gruppenaktivitäten usw. Er lenkte unsere Aufmerksamkeit auf die schädlichen Folgen einer nachlässigen Haltung, wie z.B. spät schlafen zu gehen, obwohl man früh am Morgen wach sein muss, um dem Sonnenaufgang beizuwohnen.

Da die Stadt Fréjus am Meer liegt, ist es verlockend, dann und wann etwas Zeit am Strand zu verbringen. Der Meister sprach über die wohltuenden Wirkungen des Meerwassers und verstand, welche Freude ein belebendes Bad im Meer hervorrufen kann. Aber er empfahl, morgens im Meer zu baden, weil der Einfluss der Sonne zu dieser Zeit am vorteilhaftesten ist. Der Ort für ein solches Bad sollte am besten abseits der lärmenden Menge gewählt werden.

Warum sind diese wenigen Regeln notwendig? Weil der Bonfin kein gewöhnliches Sommercamp ist, sondern ein Ort, an dem wir alle Bedingungen für eine innere Arbeit vorfinden, deren Vorteile wir das ganze Jahr über spüren werden. Wir sind aus freiem Willen gekommen, und jeder, der sich unwohl oder bevormundet fühlt, kann zu jeder Zeit wieder gehen. Wenn man in ein anderes Land kommt, sollte man dessen Sprache sprechen und dessen Sitten respektieren. Der Bonfin, so sagte der Meister, ist auch ein Land mit einer eigenen Sprache und eigenen Sitten.

Der Meister und die Jugend

Als ich in den 1950er Jahren Sportlehrerin in Toulouse war, organisierte ich jedes Jahr für meine Schüler ein Freizeitlager in den Pyrenäen. Ich wollte den Jugendlichen die Schönheit der Natur näherbringen und ihnen zeigen, wie viel wir auch von ihr lernen können. Wenn ich mich zurückversetze, sehe ich mich in blühenden Waldlichtungen oder am Rande eines Baches sitzen, umgeben von jungen Menschen. Sie fühlen sich, dank dieser einzigartigen Atmosphäre in den hohen Bergen, so ausgeglichen und wohl. Ich beobachte ihre aufmerksamen Gesichter, während ich ihnen erkläre, dass eine Harmonie zwischen allen Reichen der Natur besteht und dass es wichtig ist, diese zu respektieren.
Wir machten lange, anstrengende Wanderungen, deren Mühe von großartigen Ausblicken in die weiten Landschaften belohnt wurde, die sich endlos vor den staunenden Augen der Jugendlichen erstreckten. Ich hatte dem Meister erzählt, dass ich jedes Jahr diese

Lager organisierte. Er freute sich darüber und ermutigte mich darin, denn die jungen Menschen sind ja die Träger unserer Zukunft, vor allem, wenn sie in ihrer Jugend eine gute Führung und Ausrichtung erhalten.

In einem Jahr schrieb er mir zu diesem Thema sogar einen langen Brief, von dem ich hier einige Passagen wiedergebe, weil sie die Poesie, die Psychologie und die Zärtlichkeit des Meisters zeigen und auch die große Hoffnung, die er in der Seele junger Menschen erwecken konnte.

»Diese Jugendlichen sind gewiss sensible, intelligente und edle Menschen, die sich nach dem Schönen, Wahren und Erhabenen sehnen. Oft leiden sie, weil sie unter Bedingungen leben müssen, die für die Entfaltung ihrer Herzen und Seelen ungünstig sind. Sie sind hungrig nach Reinheit und besteigen mit Ihnen die Berge, um dadurch Gott, dem Schöpfer des Lebens und der Schönheit, näherzukommen.

Ich habe keine Zweifel daran, dass sie bei Ihnen wertvolle Dinge über die belebenden Kräfte der Natur lernen, der Sonne und der Luft und darüber, wie sie sich mit diesen Kräften harmonisieren können, um alles Schwere und Dunkle zu vertreiben, das sie im Zusammenleben mit mehr oder weniger guten, mit mehr oder weniger ehrlichen Menschen aufgenommen haben.

Während ihres Aufenthalts wird sich ihnen gewiss die Existenz einer Welt offenbaren, die aus all dem besteht, was leuchtend, tief, harmonisch und erhaben ist. In der Stille werden sie der Stimme der Natur, der Stimme Gottes lauschen, die einzig in der Lage ist, Antworten auf all ihre Probleme oder Sorgen zu geben, und sie werden den Frieden als Quelle von Kraft und Gesundheit entdecken.
Sie tun den Jugendlichen viel Gutes, wenn Sie ihnen erklären, dass es Wesen gibt, und immer gegeben hat, welche die menschliche Natur in all ihren Aspekten erforschen. Es sind

Wesen, die alle Wege des inneren Lebens freigeräumt haben, die zum Licht führen. Sie wissen, dank welcher Mittel sich die menschliche Seele der universellen Seele, der einzigen Quelle wahren Wissens, nähern kann.

Diese jungen Menschen sollen wissen, dass sie Schöpfer eines neuen Lebens voller Weisheit und Schönheit für sich selbst und auch für andere werden können. Überall wird ihre Anwesenheit etwas Subtiles, Reines und Charmantes mit sich bringen, anstatt traurig und schwer zu sein, wie dies leider nur allzu oft der Fall ist. Für ihre Familien und Kameraden werden sie zu belebenden Quellen, zu blühenden Gärten, zu Früchte tragenden Obstgärten, zu leuchtenden Lampen. Von ihrer Seele, die durch ein hohes Ideal und ein erweitertes Bewusstsein bereichert ist, werden ein starker Wille und eine außergewöhnliche Kraft ausgehen. Bitte übermitteln Sie ihnen meine guten Wünsche für den Aufstieg in die hohen Berge, von wo aus sie die Sonne aufgehen sehen, welche uns ihr Licht, ihre Wärme und ihr Leben schenkt, als Symbole der Liebe, der Weisheit und der Wahrheit.«

Dieser, vor etwa dreißig Jahren (1956) geschriebene Brief ist ein wahrhaftiges Programm, das jeder in jedem Augenblick anwenden kann, um seinem Leben einen Sinn zu verleihen. Mögen die Jugendlichen, die ihn lesen, sich von ihm durchdringen lassen!

Unter den vielen kostbar gehüteten Erinnerungen gibt es diese eine, die mir wieder besondere Aspekte unseres Meisters offenbarte. Ich erkannte, dass die geringste seiner Handlungen, die einfachste seiner Gesten, ihm nichts von seiner Größe nehmen konnte. Alles an ihm war edel. Zu jener Zeit bereiste er Frankreich, das er besser kennenlernen wollte. Da er wusste, dass ich oft Ausflüge in den Pyrenäen machte, hatte er mich gebeten, ihm einen Ort zu zeigen, an dem er Ruhe und Frieden finden würde. In Erinnerung an den Brief, den ich während meines vorherigen Aufenthaltes von ihm bekommen hatte, schlug ich ihm eine abgelegene Gegend vor, in der ich gerade ein Sommercamp organisierte. Dort würde er finden, was er suchte, und er könnte uns auch besuchen. Er nahm meine Einladung an. Am Tage seiner Ankunft auf jenem Berg, der sein Aufenthaltsort werden sollte, erschien mir alles noch viel schöner: Die Quellen sangen eine Willkommenshymne, die Sonne strahlte noch leuchtender, das Blau des Himmels wurde transparent und die bunten Blumen trugen ihr Festgewand.

Unser Camp lag einen Kilometer von einem kleinen Dorf entfernt, und der Meister, der im Hotel wohnte, kam uns besuchen. Unsere Zelte standen auf einer großen Wiese neben einem kleinen Bach. Ein altes Gebäude sowie ein Heuschuppen dienten uns als Unterschlupf bei schlechtem Wetter. Wir nahmen im bescheidenen Gasthaus des Dorfes unsere Mahlzeiten ein, die von dessen freundlichem Besitzer sorgfältig zubereitet wurden. Welch eine Freude war es für uns, als der Meister den Wunsch äußerte, die Mahlzeiten mit uns zu teilen! Wir warteten auf dem Dorfplatz, als er einfach und majestätisch auf uns zukam und warmherzig lächelte. Wir hießen ihn still willkommen, und auf allen Gesichtern war die Freude zu lesen. Die Mahlzeiten wurden auf einem großen gemeinsamen Tisch serviert. Dort, außerhalb der Bruderschaft, war die Haltung des Meisters eine andere. Er verzichtete vollständig auf jene Disziplin des Schweigens bei Tisch, die in seiner Schule im Bonfin so unverzichtbar war. Natürlich wurden die Gespräche nicht laut, aber der Meister ergriff oft das Wort und nutzte die kleinsten Details, um diesen jungen Menschen nützliche Erklärungen zu geben.

Was für ein fantastisches Leben war das zwanzig Tage lang! Ich erinnere mich an die Wanderungen zu den Gipfeln oder im Wald. In einer langen Reihe folgten wir den Wegen, und wendeten dabei die Regeln an, die uns der Meister für Bergausflüge gegeben hatte. Dazu gehörten ein langsames, leises Gehen, rhythmisches Atmen, kurzes Verweilen, um Atem zu schöpfen, und ein besinnliches Betrachten der Naturschönheiten, um sich vollständig von der reinigenden Atmosphäre der Höhe eingehüllt zu fühlen.

Oft hielten wir Rast auf grünenden Waldlichtungen und in der Nähe klarer Quellen. Der Meister sprach und erklärte, was für das Leben wesentlich ist. Er zeigte uns die Bedeutung einer bewussten Aufnahme und Speicherung der lebenspendenden Kräfte der Erde, der Bäume, des Wassers und der Sonne... Diese kleinen Gespräche endeten immer mit ein paar Anekdoten, die gleichzeitig lustig und weise waren.

An einem Tag fanden wir während einer Wanderung zahlreiche Walderdbeeren auf einer Lichtung. Der Meister beteiligte sich an der reichen Ernte, die sogleich im Schatten der hohen Kiefern fröhlich verspeist wurde.

Eines Abends bewunderten wir auch einen wunderbar sternenklaren Nachthimmel. Unsere Augen verloren sich in Myriaden glitzernder Sterne, die an diesem so hellen Firmament funkelten, während wir der Stimme des Meisters lauschten. Er erzählte uns Geschichten von den Sternbildern und den Planeten, von ihrem Einfluss auf jeden von uns und vom Geheimnis der Sternschnuppen. Wir fühlten uns in diese hohen, unbekannten Welten des Lichts und der Schönheit erhoben.

Mit einem prächtigen Lagerfeuer beendeten wir diese außergewöhnliche Zeit des Sommerlagers. Viele Dorfbewohner waren gekommen, um sich uns anzuschließen. Der Meister warf große Äste ins Feuer, damit die Flammen Nahrung bekamen. In einer feierlichen Stille hörten wir seine Erklärungen über die Geheimnisse des Feuers, das ein lebendiges Symbol für das Opfer ist, welches hier von den Ästen des Baumes verkörpert wurde.

Die Abreise war voller Emotionen. Alle Bewohner des kleinen Dorfes, die bei uns gewesen waren, sind gekommen, um sich von uns zu verabschieden. Der Meister richtete mit der für ihn typischen Wärme und einem Lächeln, das mitten ins Herz ging, einige Worte des Dankes an sie.

Wie viele verschiedene Aspekte des Meisters habe ich, voller Überraschung und Staunen, während dieses langen Aufenthaltes entdecken können! So wie er es immer verstand, für alle zugänglich zu sein, war er auch hier zugänglich für diese Gruppe begeisterter Jugendlicher, die ihm mit großer Spontaneität begegneten, aber sich auch gleichzeitig sehr respektvoll verhielten.

Weihe-Zeremonien

Im August 1958, vor seiner Abreise nach Indien, wo er ein Jahr lang blieb, hatte unser Meister beschlossen, unserem Kongress eine heilige Dimension zu verleihen, indem er uns mit den Kräften der vier Elemente Erde, Wasser, Luft und Feuer sowie mit der Sonne verband.

Diese Zeremonien waren eine Ausnahme in der Geschichte der Bruderschaft. Der Meister hatte dafür die Genehmigung des Himmels erhalten. Das sagte er uns und erklärte weiter, dass sie nicht allein den Brüdern und Schwestern im Bonfin vorbehalten seien. Sie sollten nicht nur alle Brüder und Schwestern der Bruderschaft berühren, sondern auch all jene Seelen in der Welt, die für die wohltuenden Kräfte empfänglich sind.

Diese Zeremonien haben sich tief in unser Gedächtnis eingeprägt. Eines Abends bat uns der Meister, uns darauf vorzubereiten, am nächsten Tag »etwas Wunderbares« zu empfangen. Er fügte hinzu, dass es ganz auf unseren Glauben und auf unser Bewusstsein ankomme. Wir sollten spüren, dass wir in eine neue Epoche eintreten. Wir sollten ganz aufmerksam und gegenwärtig sein, denn ein Mangel an Respekt vor dem, was heilig ist, hat immer schädliche Folgen. Die Naturkräfte sind sensibel und müssen mit Respekt und Liebe betrachtet werden.

Das Wasser

Am Sonntag, den 3. August, morgens vor dem Frühstück und noch beeindruckt von seinen Empfehlungen des Vortages, warteten wir auf den Meister. Als er ankam, erklärte er kurz, was wir tun würden, dann kehrte er zu seinem kleinen Chalet zurück. Wie er es gewünscht hatte, gingen wir in seinen Garten, jeder mit einer kleinen Schale in der Hand. Unter einem wunderschönen blauen Himmel und bei strahlendem Sonnenschein bewegte sich die lange Reihe der Brüder und Schwestern langsam vorwärts. Majestätisch und lächelnd, ein Abbild der Weisheit und der Liebe, wartete der Meister neben seinem Chalet auf uns. Er hielt einen großen Wasserkrug in der Hand, und wir bekamen, einer nach dem anderen, das von ihm gesegnete reinigende Wasser und tranken es. Als wir es in uns aufnahmen, hatten wir das Gefühl, die Taufe zu empfangen.

Beim Frühstück nach dieser ersten Zeremonie erklärte uns der Meister:

»Der Engel des Wassers ist gekommen, um euch ein neues Leben zu bringen. Jetzt seid ihr von ihm erfüllt. Lasst euch nicht mehr in Gedanken und Gefühle verstricken, die keine guten Überträger der himmlischen Einflüsse sind, damit die Gnade Gottes auf euch herabsteigen kann. Selig sind die, die verstehen... Mögen sie gesegnet sein!«

Die Luft

Am Abend desselben Tages fand auch die erste Zeremonie für den Engel der Luft statt. Vor dem Abendessen bat uns der Meister aufzustehen, und er sagte: »Mir wurde vorgegeben, euch die Reinigung des Engels der Luft zu bringen. Kommt mit mir.« Wir folgten ihm auf eine kleine Anhöhe zwischen den Zistrosen-Sträuchern. Er hatte einmal gesagt, dieser Ort sei der magnetischste Platz des Bonfin. Wir standen dort in tiefer Stille und sangen dann die Lieder »Blagoslaviai, dousche moja, Gospoda« (Lobe den Herrn, meine Seele), »Douchat Boschi« (Göttlicher Geist), »Bratstvo edinstvo« (Brüderlichkeit, Einheit) und schließlich »Aum«.

Dann kehrten wir in den Saal zurück. Das Abendessen fand in großer Innerlichkeit statt, ohne Musik und ohne Vortrag, »um die Atmosphäre dessen, was wir gerade erlebt haben, nicht zu stören und den Frieden des Abends zu kosten«.

Die Erde

Es gab auch drei Weihen für das Erdelement. Der Meister ging allein in die Küche, um das Essen zu segnen. Wir sollten schweigend am Tisch sitzen und in Gedanken an seiner Arbeit teilnehmen. Dann kam er zurück und sprach ein paar Worte, um uns auf die Verbindung aufmerksam zu machen, die wir durch die Nahrungsmittel mit der Erde haben. Sie ist es, die uns den wesentlichen Teil unserer Nahrung gibt, und wenn wir lernen, mit Respekt und Liebe zu essen, erkennt sie uns als ihre Kinder an. Dann verbessert sich nicht nur unsere Gesundheit, sondern wir nähren auch unser Herz, unseren Verstand, unsere Seele und unseren Geist.

Das Feuer

Am Sonntag, den 24. August war die erste Feuerzeremonie auf dem Platz vor dem heutigen großen Saal.
Der Meister hatte darum gebeten, dass jeder von uns einen Ast mitbringe, den wir dann ins Feuer legen würden. Im Kreis um einen bereits vorbereiteten Holzhaufen sitzend, warteten wir still auf seine Ankunft. Es war eine Atmosphäre der inneren Sammlung, die durch die Milde der Nacht und die Magie des Sternenhimmels begünstigt wurde. Das vom Meister angezündete Feuer begann zu knistern, und dann erhoben sich alle, um ihren Ast hineinzulegen. Durch diese symbolische Geste – sagte er uns – sollten wir denken, dass wir die Manifestationen unserer niederen Natur ins Feuer legten, damit sie verwandelt werden konnten, so wie diese schwarzen und trockenen Äste, die zu einem leuchtenden Feuer wurden. Große Flammen sprangen hervor, es war ein großartiges Schauspiel, bei dem sich das Holz in Flammen und Funken verwandelte. Dies ist ein Symbol für das Geheimnis des Opfers, das der Befreiung des Lichtes dient.2 Wir empfanden ein wunderbares Gefühl der Dankbarkeit.

Am Dienstag, den 26. August, beim Sonnenaufgang, beendete der Meister seinen Vortrag wie folgt:

»Am Donnerstag werdet ihr auf ein Blatt Papier den höchsten, göttlichsten Wunsch schreiben, der in euren Seelen verborgen ist. Ihr werdet mir die Blätter geben, damit sie dem Engel des Feuers anvertraut werden. Lasst alle Begierden oder Wünsche nach materiellem Besitz beiseite, bittet um das Reinste, Edelste, denn ihr werdet gehört werden. Ich bin nicht dafür verantwortlich, wenn einige durch ihre Haltung ungünstige Auswirkungen auf sich ziehen.«

Am Donnerstag, den 28. August, nahmen wir am zweiten, dem Feuer geweihten, Abend teil. Diesmal gab es keinen Ast, den wir in die Flammen werfen konnten, aber wir sollten dem Feuer unseren Wunsch anvertrauen, damit es unsere spirituellsten Wünsche verwirkliche. Alle Anwesenden hatten wahrscheinlich die gleichen Gefühle wie ich, als der Meister sich zuerst mit erhobener rechter Hand an das Feuer wandte und dann unsere Wünsche in die Flammen warf. Die Flammen loderten weniger heftig als beim ersten Mal, weil wir keine eigenen Zweige hinzugefügt hatten, aber die Flammen schienen gehorsamer zu sein und waren wie eine hohe, glitzernde Säule aus Milliarden goldener Lichtfäden, die sich miteinander verflochten und verwebten, vereinigt zu einem wahren Lichtstrom.

Am Sonntag, den 31. August war die dritte Feuerzeremonie. Der Meister hatte uns gebeten, uns mit noch mehr Liebe und Respekt vorzubereiten und nur unseren Dank an die großen Geister zu schreiben, die dieses geheimnisvolle und göttliche Element bewohnen.

Mit dem Meister am Feuer

Wie immer erwarteten wir den Meister in einem Zustand innerer Sammlung. Er kam, begrüßte uns, entzündete das Feuer und betete zu ihm. Seine Stimme sprach auch für uns und in unserem Namen. Er wiederholte bestimmte Worte dreimal, damit sie sich in den drei Ebenen – physisch, psychisch und spirituell – verwirklichen konnten. Die Flammen erhellten sein Gesicht, auf dem die ganze Feierlichkeit dieses Augenblicks geschrieben stand. Er bat die geistigen Wesen, seinem Anruf zu folgen, und dann sagte er zu uns:

»Was wir heute Abend tun, wird die ganze Welt betreffen. Enorme Kräfte wurden freigesetzt und eine neue Epoche beginnt. Ihr selbst werdet Zeugen sein.«

Diese Feuerzeremonien endeten alle mit dem gleichen Ritual: Wir näherten uns dem Feuer und bildeten zusammen mit dem Meister einen Kreis um die rötlich-goldene Glut herum, die ihre Lichtreflexe auf unsere Gesichter warf. In der feierlichen Stille der Nacht, vereint mit dem Meister, beteten wir gemeinsam drei Gebete: das »Vaterunser«, gefolgt von dem Lied »Blagoslaviai, dousche moja, Gospoda« (Lobe den Herrn, meine Seele), das »Gute Gebet« gefolgt von dem Lied »Douchat Boschi« (Göttlicher Geist) und der Psalm 91, gefolgt von dem Lied »Blagosloven Gospod Bog nasch« (Gelobt sei der Herr, unser Gott). Zum Schluss sangen wir das Lied »Aum«.

Weihung an die Sonne

Am 22. August fand diese Weihung statt, weil das Wetter am Tag zuvor – am 21. August, an dem die Kraft der Sonne ihren Höhepunkt erreicht* – nicht gut war. Am Morgen des 22. zogen noch große, dicke Wolken am Himmel entlang, und in der Ferne hallte der Donner. Der Meister saß auf dem Felsen und meditierte. Bald wehte eine leichte Brise über die Kiefernzweige. Nach und nach erschien ein völlig klarer Himmel über unseren Köpfen, und die Sonne kam plötzlich hervor. Da stand der Meister auf und bat uns, uns auch zu erheben. Der Sonne zugewandt, rief er mit erhobenen Händen und ausdrucksvoller Stimme die Sonne an:

»Oh Sonne! Du, Repräsentant Gottes auf Erden, höre mir zu. Dies sind meine Kinder, die ich seit Jahren vorbereitet habe... Reinige sie, belebe sie, beschütze sie. Mögen sie ihr ganzes Leben lang von deinem Licht erfüllt sein, damit sie arbeiten können, um der Menschheit zu dienen, zur Ehre Gottes!«

---

* Meister Peter Danov hatte seinen Schülern gesagt, dass die spirituelle Kraft der Sonne jedes Jahr am 19., 20. und 21. August ihr Maximum erreicht.

Später, nach dem Frühstück, sagte er zu uns:

*»Ihr könnt die Bedeutung dessen, was ich heute Morgen getan habe,
noch nicht ermessen. Ich habe euch dem Geist der Sonne geweiht,
dieser Intelligenz, die unser Universum belebt. Auf meinen Wunsch
hin hat er zugestimmt, in euch als Licht, Wärme und Leben zu wohnen, aber es liegt auch an euch, jeden Tag daran zu denken, ihm
einen Platz in eurer Seele zu geben. Die Fürsten der vier Elemente,
die Engel der Erde, des Wassers, der Luft und des Feuers waren
ebenfalls anwesend, sie hörten auf mich, weil sie wissen, was meine
Aufgabe ist.«3*

Die Göttliche Schule

Während ich diese Zeilen schreibe, erlebe ich von Neuem mit
großer Intensität diese unvergesslichen Momente, die mein Leben
tief geprägt haben. Jahre sind vergangen, mein Verständnis hat sich
erweitert und die innere Arbeit geht weiter.

Ich begann diesen Bericht im Anblick der Berge in den Pyrenäen zu
schreiben, die mich inspirieren und zu meiner Seele sprechen. Ich
beende ihn mit dem Eindruck, ein Buch durchgeblättert zu haben,
welches die Anfänge des Bonfin nachzeichnet, jener Schule, in der
ich 1953 begann, etwas über das wirkliche Leben zu lernen. Es war
der Beginn meiner Arbeit als Schülerin, bestehend aus erhellenden
Entdeckungen und auch aus Zweifeln, aus Momenten intensiven
Glücks, manchmal gefolgt von großer Entmutigung. Aber ich verlor
niemals das Ziel aus den Augen, das zu erreichen war. Die kleinen
Siege weckten in mir den Wunsch – koste es, was es wolle – weitere
Hindernisse zu überwinden. Ich setzte meinen weiteren Werdegang
auf diesem Pfad fort, wo ich nach und nach entdeckte, wie ich
meinem Leben einen Sinn geben konnte.

Wir kommen in jede weitere Inkarnation mit unauslöschlich gespeicherten Eindrücken und Erinnerungen an unsere vergangenen Leben. Sie sind die Träger unserer Stärken und Schwächen und bilden unser familiäres, kulturelles und spirituelles Erbe. Wie das Saatgut entwickeln sich diese Prägungen entsprechend der günstigen oder ungünstigen Umgebung, in die sie gepflanzt wurden, und entsprechend der Pflege, die sie erhalten. Wie alle Schüler dieser Schule weiß ich, dass wir zwei Naturen haben: die niedere Natur, die der Meister »Personalität« nennt, und die höhere Natur, die er »Individualität« nennt. Die Personalität rät uns, das zu suchen, was mühelos geht, wie Vergnügungen und die Befriedigung unserer Instinkte. Doch von all dem wird eines Tages nur noch Asche übrig sein. Die höhere Natur, die Welt der Seele und des Geistes in uns, inspiriert uns hingegen, für das höchste Ideal zu arbeiten, das uns auf den Weg des ewigen Lebens führt.

Meister Omraam Mikhaël Aïvanhov hinterließ uns seine Lehre als Erbe. Diese Lehre, die er selbst von seinem Meister Peter Danov erhalten hatte, entwickelte er ständig weiter und passte sie den aktuellen Gegebenheiten an. Denn das Frankreich, das er erlebte, war nicht das Bulgarien seines Meisters (1864-1944). Zu seinen Lebzeiten änderten sich die Mentalitäten sehr stark, und er musste eine neue Sprache finden. Diese Lehre ist ein göttlicher Talisman, die ihre Kraft nur behalten kann, wenn wir sie durch die tägliche Praxis nähren.

Am 25. Dezember 1986 verließ der Meister seinen physischen Körper. Die Leere war immens. Am Tag seiner Beerdigung empfand ich, ebenso wie alle Brüder und Schwestern, die sich zu diesem Anlass im Bonfin versammelt hatten, eine tiefe Traurigkeit. Aber seltsamerweise erinnerte mich die stille Prozession, die sich an diesem Wintertag langsam auf dem mit Oleander gesäumten Weg fortbewegte, an jene Sommerabende, als der Meister, ganz in Weiß gekleidet, unter einem tiefblauen Himmel alleine diesen Weg hinunter zum Abendessen schritt. Warum diese Erinnerung? Dieses Bild, das so unerwartet aus den Tiefen meines Gedächtnisses auftauchte, ließ mich die wahre Bedeutung des Todes erkennen: In Wirklichkeit stirbt nie etwas, denn das Leben geht in anderen Regionen, in anderen Formen weiter.

Zum Abschied hinterließ uns der Meister eine letzte Botschaft:

»Ich werde immer bei euch sein. Bewahrt die Einheit und die Harmonie und verbreitet die Lehre weiterhin auf der ganzen Welt.«

Wie werden wir dieses Programm erfüllen? Wir besitzen alle seine Vorträge, die so viele Methoden enthalten, um uns beim Erschaffen eines neuen Lebens zu helfen. Im Sommer empfängt uns der Bonfin weiterhin unter der strahlenden Sonne und dem blauen Himmel der Provence, mit seinen Weinreben, seinen Obstbäumen, seinem Gemüseanbau, seinen von Oleanderbüschen und Olivenbäumen gesäumten Wegen und seinen leuchtend bunten Blumen. Die Einweihungsschule, die unser Meister hier geschaffen hat, verkörpert stets seine spirituelle Anwesenheit.

Oft begegnen uns Schwierigkeiten auf unserem Weg. Werden wir in der Lage sein, sie zu überwinden, damit das Licht triumphiert? Der Himmel wird uns helfen, wenn wir das Seil, das uns mit ihm verbindet, ausdauernd festhalten. Es ist wie bei der Besteigung eines Berges. Stundenlang hat man den Eindruck, nicht voranzukommen, die Luft geht einem aus, die Beine werden matt. Wir halten einen Augenblick inne, nehmen uns Zeit, um unsere Augen auf das ferne Ziel, den funkelnden Gipfel des Lichts, zu richten. Und dann setzen wir den Aufstieg mit einem Herzen voller Hoffnung fort.

Der Meister sagte einmal:

»Ich brauche es nicht, bewundert, geliebt oder bedient zu werden. Ich brauche nur intelligente, freie und starke Wesen um mich, die für den Triumph des Lichts arbeiten.«

Heute entdecken immer mehr Menschen seine Bücher und kommen zum Bonfin, weil sie in der Atmosphäre des Friedens, die dort herrscht, den Weg zu ihrem tiefen Selbst finden. Einige stellen die Frage: »Hat der Meister einen Schüler als Nachfolger gewählt?« Nein, er überließ dem gemeinschaftlichen Wesen der Bruderschaft die ganze Verantwortung, seine Arbeit fortzusetzen und seine Lehre zu verbreiten. Von nun an wirkt er von innen und viel freier und intensiver auf seine Schüler ein. Sein Geist wacht über uns alle.

Es liegt nun an uns, gemeinsam in Einheit und mit Mut weiterhin dem hohen Ideal zu dienen, das er uns gegeben hat. Es liegt an uns, unsere Seelen für ein neues Verständnis zu öffnen. Möge unsere Arbeit eine Hymne der Liebe und Dankbarkeit an Meister Omraam Mikhaël Aïvanhov sein!

Anmerkungen

1. Im französischen Prosveta Verlag erschienen, es wurde nicht in deutscher Sprache herausgebracht.
2. Siehe auch Band 221 der Taschenbuchreihe Izvor »Alchimistische Arbeit und Vollkommenheit«, Kapitel 9 »Das Opfer, Umwandlung der Materie«, und den Vortrag »Der Sinn des Opfers«, von Omraam Mikhaël Aïvanhov, der als Videofilm (mit deutschem Untertitel) vom Prosveta Verlag unter der Artikelnummer 987011 herausgebracht wurde.
3. Aus dem Buch »Afin de devenir un livre vivant – Éléments d'autobiographie«, derzeit noch nicht in deutscher Sprache herausgebracht.

Bücher von Omraam Mikhael Aivanhov
Reihe Gesamtwerke

Band 1 - Das geistige Erwachen

Geboren aus Wasser und Geist * „Bittet, so wird euch gegeben. Suchet, so werdet ihr finden. Klopfet an, so wird euch aufgetan." * In den Augen offenbart sich die Wahrheit * Die Ohren bergen die Weisheit * Von der Liebe kündet der Mund * Liebe, Weisheit, Wahrheit * Bei Meister Deunov in Bulgarien Erlebtes * Die lebendige Kette der Universellen Weißen Bruderschaft.

Band 2 - Die spirituelle Alchimie

Sanftmut und Demut * Wenn ihr nicht sterbt, werdet ihr nicht leben * Lebendiger und bewusster Austausch * Der treulose Verwalter * »Sammelt euch Schätze...« * Das Wunder von den zwei Fischen und den fünf Broten * Die Füße und der Solarplexus * Das Gleichnis vom Weizen und vom Unkraut * Die spirituelle Alchimie * Die geistige Galvanoplastik * Die Rolle der Mutter während der Schwangerschaft

Band 3 - Die beiden Bäume im Paradies

Das theozentrische, das biozentrische und das egozentrische System * Die beiden ersten Gebote * Was das menschliche Gesicht offenbart * Die magische Kraft der Gesten und des Blickes * »Schreitet voran, während ihr das Licht habt!« * Der Rat des Weisen * Das Gleichnis von den fünf klugen und den fünf törichten Jungfrauen * Das Öl der Lampe * Die beiden Bäume des Paradieses * Die Achsen Widder-Waage und Stier-Skorpion * Die Schlange in der Genesis * Die Heimkehr des verlorenen Sohnes

Band 4 - Das Senfkorn

Symbole im Neuen Testament * »Das ist aber das ewige Leben, dass sie Dich, den einzig wahren Gott, erkennen...« * Der weiße Stein * »Und wer auf dem Dach ist...« * »Wer mir nachfolgen will, nehme sein Kreuz auf sich« * Der Geist der Wahrheit * Die drei großen Versuchungen * Das Kind und der Greis * »Ach, dass du kalt oder warm wärest!« * »Das ist ein köstlich Ding, dem Herrn danken...« * Das Senfkorn * Der Baum über dem Fluss * »Wachset und mehret euch...«.

Band 5 - Die Kräfte des Lebens

Das Leben * Charakter und Temperament * Gut und Böse * Der Kampf mit dem Drachen * Anwesenheit und Abwesenheit * Gedanken sind lebendige Wesenheiten * Die unerwünschten Wesen * Die Kraft des Geistes * Das Opfer * Das hohe Ideal * Frieden.

Band 6 - Die Harmonie

Die Harmonie * Die Medizin muss auf einer esoterischen Philosophie gegründet sein * Die Zukunft der Medizin * Der Schüler muss die Sinne für die geistige Welt entwickeln * Was uns das Haus lehrt * Wie die Gedanken sich in der Materie verwirklichen * Die Meditation * Menschlicher Intellekt und kosmische Intelligenz * Sonnengeflecht und Gehirn * Das Harazentrum * Das geistige Herz * Die Aura.

Band 7 - Die Reinheit, Grundlage geistiger Kraft

Jesod spiegelt die Tugenden aller anderen Sephiroth wider * Wie die Reinheit zu verstehen ist * Die Ernährung, Ausgangspunkt einer Studie über die Reinheit * Die Auswahl * Die Reinheit und das geistige Leben * Die Reinheit in den drei Welten * Der Lebensstrom * Friede und Reinheit * Von der magischen Kraft des Vertrauens * Die Reinheit der Worte * Man muss sich erheben, um die Reinheit zu finden * »Selig, die reinen Herzens sind« * Die Tore des himmlischen Jerusalem * Liebe und Sexualität * Die Sünde wider den Heiligen Geist ist die Sünde wider die Liebe * Ergänzende Erläuterungen * Die Quelle * Das Fasten * Wie man sich waschen soll * Von der wahren Taufe * Wie man während der Atemübungen mit den Engeln der vier Elemente arbeitet.

Band 9 - Im Anfang war das Wort – Kommentare zu den Evangelien

»Im Anfang war das WORT« * »Man füllt keinen neuen Wein in alte Schläuche« * »Vaterunser« * »Suchet zunächst nach dem Reich Gottes und Seiner Gerechtigkeit« * »Die Ersten werden die Letzten sein« * Weihnachten * Der Sturm, der sich gelegt hat * »Die höchste Zuflucht« * »Vater, vergib ihnen, denn sie wissen nicht, was sie tun« * Die Sünde wider den Heiligen Geist ist die Sünde wider die Liebe * Die Auferstehung und das Jüngste Gericht * »Im Haus meines Vaters gibt es viele Wohnungen« * Der Körper der Auferstehung.

Band 10 - Sonnen Yoga – Pracht und Herrlichkeit von Tiphereth

Die Sonne, Mittelpunkt des Universums * Wie man die ätherischen Lichtteilchen aus der Sonne aufnehmen kann * Unsere Seele nimmt beim Betrachten der Sonne deren Gestalt an * Unser höheres Ich wohnt in der Sonne * Die Sonne bringt die Samen zum Wachsen, die der Schöpfer in uns gelegt hat * Wie man die Heilige Dreifaltigkeit in der Sonne wiederfindet * Alle Geschöpfe haben ihr Zuhause * Der Rosenkranz der sieben Perlen * Der Meister im Rosenkranz der sieben Perlen * Jedes Geschöpf soll seine Wohnstätte schützen – Die Aura * Der heliozentrische Standpunkt * Liebt wie die Sonne! * Ein Meister soll wie die Sonne im Mittelpunkt bleiben * Steigt über die Wolken! * Die Sephira Tiphereth * Die Geister der 7 Lichtstrahlen * Das

Prisma als Sinnbild des Menschen * Der neue Himmel und die neue Erde * Die Sonne kann das Problem der Liebe lösen * Die Telesma-Kraft * Die Sonne ist Gottes Ebenbild * »Im Geist und in der Wahrheit« * Christus und die Sonnenreligion * Tag und Nacht (Bewusstsein und Unterbewusstsein) * Die Sonne ist der Begründer der Kultur * Die Sonne und die Lehre von der Einheit * Die Sonne ist der beste Pädagoge, weil sie ein Vorbild darstellt * Die Sonne, das Herz des Universums * Die drei Arten von Feuer * Richtet alles auf ein einziges Ziel aus.

Band 11 - Der Schlüssel zur Lösung der Lebensprobleme
Die Personalität ist der niedere Ausdruck der Individualität * Der Mensch soll zu seiner Individualität zurückfinden * Sinn und Ziel von Jnani-Yoga * Vom Nehmen und Geben (Sonne, Mond und Erde) * Personalität und Individualität: Die Begrenzung der unteren Welt * Die unendliche Weite der höheren Welt * Die Individualität bringt das wahre Glück * In der Personalität absterben, um in der Individualität aufzuleben * Der eigentliche Sinn der Gärung aus esoterischer Sicht * Die Individualität wünscht Gottes Willen zu tun * Das Gleichnis vom Baum * Zwei Arbeitsmethoden zur Bewältigung der Personalität * Wie sich der Mensch von seiner Personalität ausbeuten lässt * Aus der Sicht der Individualität * Über den Sinn des Opfers in den Religionen * Die Individualität allein vermag das durch die Personalität gestörte Gleichgewicht wieder herzustellen * »Gebt dem Kaiser, was des Kaisers ist!« * Die Personalität ist der Sockel der Individualität * Sucht nach himmlischen Verbündeten zum Kampf gegen die Personalität! * Vom richtigen Einsatz der Kräfte der Personalität * Wie man die inneren Tiere bezähmt * Die Sexualkraft kann zur Entwicklung der höheren Natur genutzt werden * Das Wirken für die weltweite Verbrüderung.

Band 12 - Die Gesetze der kosmischen Moral
Ihr werdet ernten, was ihr gesät habt * Die Wahl ist wichtig: Sucht die Arbeit und nicht das Vergnügen * Schöpferische Tätigkeit als Mittel zur inneren Entwicklung * Die Gerechtigkeit * Das Gesetz der Affinität und der Frieden * Das Gesetz der Affinität und die wahre Religion * Naturgesetze und moralische Gesetze * Die Reinkarnation * Macht nicht auf halbem Wege halt * Über den rechten Gebrauch der eigenen Energien * Wie man die Quintessenz erlangt * Die Moral der Quelle * Warum wir unsere Vorbilder in den höheren Regionen suchen sollen * Durch seine Gedanken und Gefühle wirkt der Mensch schöpferisch auf die unsichtbare Welt ein * Lasst die Verbindung nicht abbrechen * »Bist du Licht, dann gehst du zum Licht« * Das ätherische Doppel * Die neuen Muster * Die Moral bekommt ihre volle Bedeutung in der jenseitigen Welt * Die beste pädagogische Methode ist das Beispiel * »Wenn dich jemand auf die rechte Backe schlägt«.

Band 13 - Die neue Erde

Gebete * Am Morgen * Für den Tag * Am Abend * Die Ernährung * Das Verhalten * Laster und Schwächen * Negative Gemütsverfassung * Schwierige Lebenslagen * Anleitungen zur Reinigung und Läuterung * Mitmenschliche Beziehungen * Beziehungen zur Natur * Die Sonne * Die Sterne * Das Wirken mit der Denkkraft * Die geistige Galvanoplastik * Der Solarplexus * Das Hara-Zentrum * Das Wirken mit dem Licht * Die Aura * Der Lichtleib * Einige Sprüche und Gebete * Spirituelle Gymnastikübungen.

Band 14/15 - Liebe und Sexualität

Band 14: Die beiden Prinzipien männlich und weiblich * Den Stier bei den Hörnern packen * Die Kraft des Drachens * Geist und Materie, die Sexualorgane * Die Eifersucht * Die zwölf Tore von Mann und Frau * Die Vergeistigung der Sexualkraft * Lernt richtig zu essen, um lieben zu lernen * Die Rolle der Frau in der neuen Kultur * Die Bedeutung der Nacktheit in der Einweihung * Liebe ist im ganzen Weltall enthalten * Wie kann man den Begriff der Ehe erweitern? * Die Schwesterseele * Die Frage der Bindungen. Band 15: Die wahre Ehe: Geist und Materie * Die Sonne, Quelle der Liebe * Die Vestalinnen oder die neue Eva * Gebt der Liebe ihre Reinheit zurück * Die Liebe verwandelt die Materie * Die Aufgabe eines Schülers * Tantra-Yoga * Nutzt die Kräfte der Liebe in rechter Weise * Das Glück liegt in der Erweiterung des Bewusstseins * "Was ihr auf Erden binden werdet..." * Die wahren Waffen: Liebe und Licht * Auf dem Weg zur großen Familie.

Band 16 - Alchimie und Magie der Enährung - Hrani-Yoga

Die Bedeutung des Kauens und der Atmung * In Stilleessen * Nicht bis zur Sättigung essen * Das Segnen der Nahrung * Bedeutung und spirituelle Dimension der Ernährung * Meditation vor der Mahlzeit * Das Töten der Tiere und das Gesetz der Gerechtigkeit * Die Nahrung, ein Liebesbrief des Schöpfers * In Stille essen, um die Stimme der Nahrung zu vernehmen * Die Mahlzeit, magische und heilige Zeremonie * Ob gut oder böse, was ihr euch selbst zufügt, fügt ihr auch der ganzen Menschheit zu * Die Nahrung und die Engel der 4 Elemente *Sich durch die Haut ernähren * Weiße und schwarze Magie * Das Mysterium des heiligen Abendmahls * Die wahre Kommunion * Indem man bewusst isst erlangt man Macht über die Materie.

17/18 Erkenne Dich selbst – Jnani-Yoga

Band 17: Die synoptische Tafel * Der Geist und die Materie * Die Seele * Das Opfer * Die Nahrung der Seele und des Geistes * Das Bewusstsein * Das Höhere Selbst * Die Wahrheit * Die Freiheit. Band 18: Die Schönheit * Die spirituelle Arbeit * Die Macht des Denkens * Die Erkenntnis: das Herz und der Intellekt * Die Kausalebene * Konzentration, Meditation, Kontemplation, Identifikation * Das Gebet * Die Liebe * Der Wille * Die Kunst, die Musik * Die Geste * Die Atmung.

23/24 Die neue Religion – Eine universelle Sonnenreligion

Band 23: Der Strom des Lebens * Der Mensch und seine zwei Naturen * Ihr seid Götter * Die heliozentrische Revolution: Die Bruderschaft * Der Meister * Die Sonne, Abbild der heiligen Dreifaltigkeit * Ein neuer Typ Mensch: Die symbolische Bedeutung des Prismas * Die Nahrung: Das Wort * Wie man an seiner eigenen Materie arbeiten kann – Der Körper der Auferstehung * Die Gesetze des Schicksals.

Band 24: Die Lehre der Kraft * Der Sinn des Reichtums und des Besitzes in der Einweihungswissenschaft * Die Liebe ist Eins * Die wahre Ehe – Wie man die Auffassung der Ehe erweitert * Die Rolle der Frau in der neuen Kultur * Die wahren Grundlagen der Religion * Die geistige Schöpfung – Die Suche nach dem Stein der Weisen * An die Jugend und die Familien * Das Reich Gottes auf Erden.

Band 25/26 - Der Wassermann und das Goldene Zeitalter

Band 25: Das Wassermann-Zeitalter * Der Geist der Brüderlichkeit ist im Kommen * Jugend und Revolution * Kommunismus und Kapitalismus * Die wahre Ökonomie * Gold und Licht * Aristokratie und Demokratie * Die Politik im Licht der Einweihungswissenschaft *

Band 26: Die Prinzipien und die Formen * Die wahre Religion Christi * Die Idee der Pan-Erde * Der kosmische Körper * Das Reich Gottes und seine Gerechtigkeit * Das neue Jerusalem.

Band 27 - Die Pädagogik in der Einweihungslehre

Zuerst sollten die Eltern unterwiesen werden * Die Rolle des Unterbewusstseins bei der Kindererziehung * Erziehung und Bildung – Die Macht des Vorbildes * Die Jugend auf die Zukunft vorbereiten * Das Erlernen der Gesetze * Das Kind und der Erwachsene * Die Rolle eines Meisters * Die Nachahmung als Faktor der Erziehung * Die Einstellung gegenüber einem Meister * Die Methoden eines Meisters * Die Arbeit in der Einweihungsschule.

Band 28/29 - Die Pädagogik in der Einweihungslehre

Band 28: Weshalb man ein spirituelles Leben wählen sollte * Der Sinn des Lebens, die Entwicklung * Die gestaltende Vorstellungskraft * Lesen und Schreiben * Der Selbstmord * Eine neue Einstellung dem Bösen gegenüber * Die Raupe und der Schmetterling * Die Liebe, ein Bewusstseinszustand * Die Geburt auf den verschiedenen Ebenen * Die Sonne als Vorbild * Mann und Frau in der neuen Kultur

Band 29: Die Gesetze der spirituellen Arbeit * Unsere Verantwortung * Das neue Leben erbauen * Das lebendige Wissen * Lasst die Quelle sprudeln * Die spirituelle Atmosphäre * Die Medizin der Zukunft * Lebt in der Poesie! * Seid vollkommen wie euer Vater im Himmel vollkommen ist * Die Wirklichkeit der unsichtbaren Welt * Nehmt teil an der Arbeit der Universellen Weißen Bruderschaft

Band 30/31 - Leben und Arbeit in einer Einweihungsschule
Band 30: Zum »Tag der Sonne« * Le Bonfin * Die Arbeit in der göttlichen Schule * Hrani Yoga und Surya-Yoga * Der Geist dieser Lehre * Materie und Licht * Die Reinheit, Voraussetzung für das Licht * Der Sinn der Einweihung Band 31: Das neue Leben * Materialisten und spirituelle Menschen * Der wahre Sinn des Wortes Arbeit * Wie man mit Schwierigkeiten umgeht * Die Beschäftigung des Schülers mit seiner niederen Natur * Eitelkeit und Hochmut * Meister und Schüler * Wie man über die Vorstellung von Gerechtigkeit hinauswächst * Hierarchie und Freiheit * Die Allmacht des Lichtes

Band 32 - Die Früchte des Lebensbaums
Wie man das Studium der Kabbala in Angriff nehmen sollte * Die Zahl 10 und die 10 Sephiroth * Der Lebensbaum * Die Erschaffung der Welt * Der Sündenfall und der Wiederaufstieg des Menschen * Die vier Elemente * Die Macht des Feuers * Wasser und Feuer * Das lebendige WORT * Die esoterische Kirche des Johannes * Binah, das Reich der Beständigkeit * Der menschliche Geist ist der Vorbestimmung überlegen * Der Tod und das Leben im Jenseits * Menschliche und kosmische Atmung * Die Kardinalfeste * Der Mond und sein Einfluss auf die Seelen * Der Zauberstab * Die Naturgeister * Der Gralskelch * Die Errichtung des inneren Tempels.

Vom selben Autor

Taschenbuchreihe IZVOR

Vom selben Autor
Reihe Broschüren

Vom selben Autor

Reihe »Gedanken für den Tag«

Das Taschenbuch »Gedanken für den Tag« enthält für jeden Tag des Jahres ein Zitat von Omraam Mikhaël Aïvanhov als geistige Anregung und Begleiter für den Alltag. Es ist eine gute Meditationshilfe und auch als Geschenk bestens geeignet. Das Buch erscheint jährlich mit neuen Texten und ist einer unserer Bestseller. Ausgaben aus vergangenen Jahren sind ebenfalls noch erhältlich (solange Vorrat reicht).

Auf unserer Internet-Seite können Sie alle Tagesgedanken von 2005 bis 2010 lesen (www.prosveta.de, www.prosveta.ch, www.prosveta.at). In diesen mehr als 5.000 Tagesgedanken können Sie mit Hilfe der Suchfunktion nach Themen oder Begriffen Ihrer Wahl suchen.

Abschließende Information

Es kann ein kostenloser Katalog bei uns angefordert werden, der alle Werke von Omraam Mikhaël Aïvanhov enthält.

Bestellen können Sie im Verlag oder im Buchhandel. Wenn Sie ein Buch in Ihrer Buchhandlung nicht erhalten, ist es bei uns im Verlag in der Regel dennoch lieferbar.

VERLAGE UND AUSLIEFERUNGEN

FRANKREICH
Éditions Prosveta S.A. (Hauptverlag)
B.P. 12 – F-83601 Fréjus Cedex
Tel. 04 94 19 33 33, Fax 04 94 19 33 34
international@prosveta.com • www.prosveta.fr

DEUTSCHLAND
Prosveta Verlag GmbH
Grabenstr. 14, 78661 Dietingen
Tel. 07427-3430, Fax 0741-46552
info@prosveta.de • www.prosveta.de

ÖSTERREICH
Harmoniequell Versand
Hof 37/4, 5302 Henndorf
Tel. und Fax 06214 7413
info@prosveta.at • www.prosveta.at

SCHWEIZ
Éditions Prosveta
1808 Les Monts-de-Corsier 13
Tel. 021 921 92 18, Fax 021 922 92 04
editions@prosveta.ch • www.prosveta.ch

Auslieferungsadressen für weitere Länder finden Sie unter
www.prosveta.de/bestelladressen

Wenn Sie sich über die Anwendung der Lehre von
Omraam Mikhael Aivanhov informieren möchten,
wenden Sie sich bitte an eine der folgenden Adressen:

Deutschland
UWB e.V., Geschäftsstelle Heideweg 7a, 01814 Rathmannsdorf
Tel: 035022 - 519052, www.aivanhov.de, uwb@uwb-ev.de

Schweiz
FBU, Chemin de la Céramone 13, 1808 Les-Monts-de-Corsier
Telefon 021 925 40 80, www.videlinata.ch

Österreich
UWB, Telefon 01 27 698 32
Internet: www.uwb.at, E-Mail: info@uwb.at